SPUTTANAPOLI

di Maurizio Zaccone

Edizioni MEA

Copertina:
Sprintgrafica

Impaginazione:
GraficaService.it

ISBN 978-88-944749-3-0

EDIZIONI MEA

Edizioni MEA - Napoli

www.edizionimea.it - info@edizionimea.it

A mio padre,
che mi ha insegnato la curiosità,
l'etica e la tenacia.

INTRODUZIONE

Quando sei piccolo l'appartenenza territoriale è un concetto astruso o almeno lo era per me: napoletano, romano, piemontese, tedesco, africano, cosa importava? Eravamo, e siamo, cittadini del mondo. Poi, i primi anni di scuola, ho compreso alcune differenze. Tra razze, religioni, paesi.
Cominciavo a sentirmi italiano, ma era un' illusione. Mi è bastato varcare i confini della mia città, anche di pochi chilometri, per capire che ero 'solo' napoletano. A tradirmi il mio accento, principalmente, ma per gli altri non era solo quello: il modo di fare, il mio gesticolare, parlare a voce alta.
Tutti elementi che tradivano le mie origini, a detta loro.
Mi veniva detto con il sorriso, ma era un sorriso che nascondeva qualcosa; avrei poi scoperto cosa. Amici che si trasferivano con le famiglie al Nord per lavoro li ritrovavo sempre 'italianizzati'.
Erano cambiati: nei modi, nei toni. Ed il mio essere 'napoletano' li infastidiva. Poi capii che infastidiva un po' tutti. Restava solo da comprendere il perchè. E mi ci sono dedicato.
Il primo aspetto che mi colpì era il fatto di essere definito 'napoletano'. Nulla di strano, essendo nato a Napoli.
Ma perché non 'campano'?
Gli abitanti del Sud Italia erano spesso distinti per regioni: i siciliani, i sardi, i calabresi. Io invece ero napoletano.

Un distinguo preciso, del quale anche i miei interlocutori necessitavano.
Infatti alla prima domanda: "sei di Napoli?", seguiva sempre la seconda: "ma di Napoli Napoli?".
Al mio "sì", non seguiva alcun commento. E ancora non mi è chiaro quale sarebbe stata, per l'altra persona, la risposta migliore; se essere della provincia di Napoli sarebbe stato meglio o peggio.
Ma il mio identikit, in fondo, era stato già tracciato.
Da napoletano sarei stato sicuramente uno che si svegliava tardi; pertanto operai, fornai, pasticcieri e baristi non sarebbero dovuti esistere. Di riflesso, pigro. Di conseguenza, senza voglia di lavorare. Quindi se non trovavo lavoro era chiaro che la colpa era mia.
Ogni problema della mia città era in fondo colpa anche mia.
Il traffico era dovuto appunto alla nostra pigrizia nel non voler prendere i mezzi pubblici. Se i mezzi pubblici invece scarseggiavano la colpa era sempre nostra che non facevamo il biglietto.
A volte pensavo che, presentandomi a un cittadino del Nord, anziché dire "piacere" avrei fatto prima a dire direttamente "scusa".
Me l'avevano spiegato bene che certe cose succedono solo a Napoli. Napoli capitale dello scippo, della criminalità, del falso.
Napoli intollerante alle regole.
Napoli che rievoca subito nell'immaginario collettivo una sola cosa; sì, perché se una persona è di Pisa pensi alla Torre, se è di Milano al Duomo, se di Roma al Colosseo, ma se sei di Napoli, pur avendo la più vasta gamma di bellezze naturali e architettoniche, ti chiederanno sempre di una sola cosa: a' munnezza.
Già mio padre mi raccontava che ai suoi tempi durante il servizio militare si usava dire: "vedi Napoli e poi muori; per la puzza".
Poi c'erano i cori da stadio:
"senti che puzza scappano anche i cani, stanno arrivando i napoletani. O terroni, terremotati, voi col sapone non vi siete mai lavati".

Ed io che non amavo lavarmi i denti la sera cominciai a convincermi che la colpa era anche un po' mia. Poi una decina d'anni fa l'emergenza rifiuti. Pur non essendoci convergenze tra un problema di gestione della raccolta dei rifiuti e un eventuale proble-

ma di 'igiene personale', fu inevitabile la colpa.
Perché, è inutile girarci intorno, i primi a sentirsi responsabili di ogni male di questa città, vero o presunto che sia, siamo noi stessi.
E' stato un lavoro lento e continuo che affonda le sue radici nell'unità d'Italia e che ha dato i suoi frutti nel tempo.
In ogni parte d'Italia chi patisce un disservizio, chi convive con una piaga sociale, è vittima del male che riceve. Da noi no. Perché ce l'hanno sempre raccontata così e ce ne siamo convinti.
Siamo 'terremotati', detto con disprezzo; colpevoli della terra che ci è franata sotto i piedi.
Persino le virtù diventano difetti. La fede religiosa è vista come eccessiva, a tratti ridicola.
Se parlano dei napoletani e San Gennaro vedrai che troveranno il modo di infilarci Maradona dentro. E verrà raccontata sempre con ironia, infarcita di luoghi comuni, buttandoci dentro la scaramanzia che non c'entrerebbe con la devozione, per offrire un affresco grottesco e d'altri tempi. Pensate a una narrazione simile di Medjugorie o Fatima. Impossibile.
Il tifo sportivo raccontato addirittura come unico valore e sintomatico della distanza dai 'veri' problemi che hanno i napoletani.
La scaltrezza e la genialità di un popolo ridotta a furbizia e arte dell'inganno.
La tradizione teatrale e artistica napoletana che fa dei partenopei tutti 'attori da sceneggiata'; in senso dispregiativo chiaramente.
E se provi a difenderti, a pretendere una narrazione onesta ed equilibrata diventi subito o piagnone o, soprattutto, negazionista. E sono spesso i napoletani a dirlo.
Come se ti dicessero che stai morendo e tu ti opponi dicendo che hai la polmonite ma non sei in fin di vita, e ti venisse risposto: *"allora che vuol dire, che stai bene?"*.
No! Non voglio dire che sto bene, ma solo che non sto morendo.
"I' dico ca chiove, ma no ca diluvia", si dice a Napoli.
Questo accade quando si difende la nostra città. Il bugiardo non è chi la racconta male, ma chi, pretendendo una narrazione onesta, passa per chi nega il problema.
E la testimonianza di questa percezione globale, di questa crona-

ca viziata, è facilmente verificabile.
Ho raccolto una parte di articoli della stampa, dichiarazioni ed episodi degli ultimi mesi; se fossi andato ancora più indietro nel tempo sarebbe servita un'enciclopedia e non un libro.
Un lavoro che ho fatto giorno per giorno sul mio blog e i miei profili social e che solo vedendolo adesso, tutto insieme, legato, offre il suo quadro migliore. La corretta visione d'insieme.
In parallelo, riporto la stessa sequela di dichiarazioni e narrazioni in ambito calcistico, che fanno intendere quanto poco ci sia di differente tra lo sport e l'appartenenza territoriale.
Quanto il calcio sia la fotografia del paese.
Nel mezzo cerco di ricordare chi siamo e da dove veniamo.
E cerco di rispondere alle accuse e alle calunnie con i dati, con i fatti. Con la storia. Che quella, proprio non ci manca.
Buona lettura

SPUTTANAPOLI NELLA STORIA/1

SPORCHI, COLEROSI E TERREMOTATI

Prima di tuffarci nella narrazione quotidiana che viene fatta di Napoli è doveroso soffermarci su dei punti fermi, dei veri e propri capisaldi del racconto pregiudizievole che ci viene offerto. Sono quelli che fanno riferimento alla nostra scarsa igiene, al nostro amore nel vivere tra i rifiuti e alle inevitabili conseguenze cliniche, come le epidemie di colera che hanno colpito in passato la nostra città. Ma cosa c'è di vero? Vediamo.

Chi proferisce tali offese si nasconde dietro il fatto che l'emergenza rifiuti è esistita ed esiste, che il colera c'è stato e che lo scarso senso civico è evidente proprio dalle crisi ricorrenti sui rifiuti e dai dati poco confortanti sulla raccolta differenziata.

Andiamo quindi con ordine.

L'IGIENE A NAPOLI NEL PASSATO

Senza scomodare le origini dell'antica Neapolis fondata dai Greci con una rete idrica d'eccellenza, perfezionata poi dai Romani, e la storia riscoperta di Pompei con testimonianze della grande attenzione che avevano all'igiene, ci basti ricordare l'epoca Borbonica.
In quel periodo le grandi città europee come Madrid, Londra e Parigi avevano un pessimo rapporto con l'igiene, convinti addirittura che facesse male al corpo. Idee che partivano dai palazzi di corte, strade sudicie e maleodoranti a Parigi come a Napoli.
Nel palazzo di Versailles vi erano 300 camere e nessun bagno.
Solo Maria Carolina, a Caserta, possedeva un piccolo bidet, che i Savoia, quando conquistarono il meridione, nell'inventario lo catalogarono come *"oggetto sconosciuto a forma di chitarra"*.
Ed esso era collocato in quella che può essere definita la prima 'stanza da bagno' con una vasca in marmo bianco di Carrara con tanto di acqua corrente calda e fredda e un 'water closet' di ispirazione inglese. 100 anni prima che i Savoia decidessero di installarle nelle loro residenze. E i servizi igienici non rimasero confinati nelle case reali ma si estesero tra le abitazioni popolari partendo dalla comunità di San Leucio, dove il re Carlo di Borbone fece costruire case moderne tuttora abitate e dotate di acqua corrente e servizi igienici. Le prime 'case con bagno'.
Ai Borbone si deve anche la realizzazione dell'acquedotto Carolino, mirabile opera di ingegneria idraulica lunga 38 km che riforniva d'acqua non solo la Reggia ma le fontane, i mulini e le attività agricole di Napoli e Caserta. Acqua per il popolo, dunque, non solo per i Reali. Avevamo il nostro sistema fognario.
E se si parla di raccolta differenziata è a Napoli che bisogna guardare per scoprirne le origini.
Un decreto del 3 maggio 1832 del re Ferdinando II di Borbone

firmato dall'allora prefetto della polizia, Gennaro Piscopo, infatti, prevedeva l'obbligo di mantenere l'igiene nelle strade, ordinando la raccolta differenziata, in particolare quella del vetro.
12 articoli sulla modalità della raccolta, una pulizia che andava effettuata *"ogni mattina prima dello spuntar del sole"*. Pene severe, detenzione compresa, per i trasgressori.
E già da 50 anni prima, in città e in provincia, si effettuava il riciclo degli alimenti, come testimoniato dallo scrittore tedesco *Goethe* che la visitò nel 1786 e nel 1787 e rimase impressionato dalla pulizia e dalla capacità di riciclo:

"Moltissimi sono coloro che trovano lavoro trasportando le immondizie fuori città a dorso d'animo. Tutta la campagna che circonda Napoli è un solo giardino d'ortaggi, ed è un godimento vedere... come gli uomini si dian da fare a riportare subito nei campi l'eccedenza respinta dai cuochi, accelerando in tal modo il circolo produttivo... e con quanta cura raccattano lo sterco di cavalli e di muli! A malincuore abbandonano le strade quando si fa buio, e i ricchi che a mezzanotte escono dall'Opera certo non pensano che già prima dello spuntar dell'alba qualcuno si metterà a inseguire diligentemente le tracce dei loro cavalli".

Goethe, sulle pagine del *Teutsche Merkur*, scriverà anche di questi napoletani già allora visti al Nord come *"lazzaroni... che non s'arrabattano a lavorare per l'intero santo giorno"*.
E lo farà con queste parole:

"Noi giudichiamo troppo severamente le popolazioni del Sud, alle quali il cielo sorride tanto benigno... il cosiddetto lazzarone tutto sommato non è per nulla più ozioso che il suo simile delle altre classi. Tutti, a modo loro, non lavorano soltanto per vivere ma per godere e tutti badano a ricrearsi persino nel lavoro della vita".

In questo scenario a Napoli vi era la maggior percentuale di medici per numero di abitanti in Italia.
Campagne vacciniche (primi per quella del vaiolo), la prima cam-

pagna italiana di profilassi antitubercolare, il primo ospedale psichiatrico ed eccellenze mediche invidiate in tutta Europa.
Nel Regno delle 2 Sicilie vi erano 80 ospedali centrali.
Qui vennero impiantati i primi cateteri, si sperimentarono le prime macchine elettriche per le analisi e si faceva scuola per le tecniche medico legali nelle autopsie.
Da Londra i medici venivano agli Incurabili per studiare le pratiche adottate nell'ostetricia e nell'urologia. Ma, ovviamente, non era il paradiso terrestre. Nelle campagne la vita era difficile, per igiene e dieta alimentare, al Sud come al Nord.
Anzi molto peggio al Nord, flagellato da carestie ed epidemie. In Valle Brembana prima il tifo petecchiale, poi malattie infettive come il colera, il vaiolo, il morbillo, la varicella, la scarlattina e la difterite. Vi era poi il gozzo, particolare ingrossamento della ghiandola tiroidea, a cui spesso si associava l'idiozia e il cretinismo. Infine la pellagra, vera piaga di metà Ottocento.
La pellagra, malattia caratterizzata da una prima fase di dermatite ed eritemi, era seguita da una seconda fase con vertigini, disturbi gastrointestinali e diarrea per poi evolversi in demenza e veniva curata con il ricovero in manicomio, anche se spesso portava la morte. Talmente tanti furono i pazzi pellagrosi che intorno al 1830 si convertì il convento di Astino (Bergamo) in manicomio.
La pellagra era una malattia da denutrizione causata dalla dieta povera a cui erano costretti i contadini, prevalentemente a base di mais, povero di acido nicotico.
Nelle campagne del Nord infatti, complice la crisi agraria, ci si alimentava quasi esclusivamente a polenta di mais e si pagavano i lavoratori non più in denaro ma a grano.
La pellagra si espande in Lombardia, in Veneto, Emilia Romagna, Piemonte, Umbria e Marche, arrestandosi proprio a questa altezza. Al Sud la malattia era infatti sconosciuta perché il mais era poco coltivato e la dieta più varia.
Ci volle del tempo per capire le origini di questa piaga perché ci si fidava di scienziati come Cesare Lombroso che davano la colpa ad un microrganismo contenuto nel granoturco. Inutile dire che ci prese tanto quanto le sue teorie sul '*delinquente nato*' che era,

guarda caso, il meridionale.
La pellagra diminuirà e scomparirà solo all'inizio del 900 e non perché se ne scoprì la causa, ma perché le condizioni socio-economiche del Nord variarono (anche grazie all'unità d'Italia) e i pagamenti non avvenirono più in 'natura', cioè con mais, ma in denaro. Nonostante questo non si sono mai sentiti cori da stadio inveire contro 'pellagrosi' o 'dementi'.
E meno male, ovviamente.

IL COLERA

Meno vergognoso e ignobile è invece considerato l'appellativo 'coleroso' rivolto da sempre a noi napoletani.
Ma come, quando e soprattutto dove nasce, in Italia, questa tremenda epidemia?
Proveniente dall'India il virus si diffuse nei primi anni dell'ottocento in vari paesi del mondo fino a giungere in Europa (Russia, Germania, Francia e Inghilterra). Il 27 luglio del 1835 arrivò a Cuneo e Torino. Ed il 2 agosto 1835 scoppiò il colera a Genova.
Da lì Livorno, Pisa, Firenze e Lucca. Poi il regno Lombardo-Veneto, l'odierno Trentino Alto Adige, Venezia, Trieste, Verona, Padova, Bergamo, Como, Milano e tante altre città.
Solo dopo 2 anni (1837) arrivò anche a Napoli, in Calabria, in Sicilia e in Puglia. Portò con se dolore e morti, tanti morti; in tutta Italia. Cominciò al Nord per finire al Sud e terminò nello stesso anno, il 1837.
Le cattive condizioni igieniche favorirono lo svilupparsi dell'epidemia? Certo. Al Nord come al Sud, nessuno se la passava meglio.
Fu la prima delle 6 pandemie che toccarono l'Italia.
La seconda, nel 1849, toccò il Nord-Est dell'Italia (in particolar modo le città di Brescia, Verona, Treviso, Venezia, Trieste), proveniente da Austria, Inghilterra e Francia.
La terza, nel 1854, partì ancora dall'India per arrivare con una nave in Inghilterra, poi in Francia e poi a Genova che non avvertì gli altri stati italiani della presenza del colera ed il contagio arrivò fino a Napoli, Palermo ed anche in Sardegna.
La quarta, nel 1865, colpì la Francia, l'Italia del Sud e Genova. La diffusione fu minore perché le direttive della precedente conferenza sanitaria europea riguardo alle misure igieniche da tenere (smaltimento delle acque nere, sistema di fognature in ceramica, acqua nelle case, ecc.) cominciavano a essere rispettate, ma non

al Sud, fresco d'annessione.
Nel 1884 e nel 1893 le ultime 2 epidemie. C'era l'Italia unita. Si stavano costruendo le ferrovie (al Nord), le industrie (al Nord), si stavano risanando i conti (del Nord ma con i soldi del Sud) e non si investiva in prevenzione sanitaria.
A Napoli ci fu un'impressionante esplosione demografica che costrinse la popolazione a vivere ammassata nei cosiddetti 'bassi' in condizioni igieniche precarie. E riesplose il colera.
Quell'epidemia toccò anche altri 44 comuni italiani, ma di 'epidemia' si poté parlare solo a Cuneo, Genova e Napoli.
Ma in realtà si parlerà sempre e solo di Napoli.
Un corrispondente da Napoli del Corriere della Sera il 04/09/1884 scrisse:

"Chi è stato a Napoli può addolorarsi ma non sorprendersi dello scoppio che ha avuto il colera... pessima qualità dell'acqua... cattiva formazione delle fogne o inerzia per mancanza di scolo, l'agglomerazione incredibile del popolino in abitazioni insalubri, angustissime, umide... insufficiente alimentazione... ecco perché in periodi epidemici si hanno delle stragi... queste cause si sarebbero potute diminuire o togliere del tutto... se le amministrazioni napoletane dal 1860 avessero provveduto alle condutture d'acqua e alla costruzione di buone e scorrenti fogne... e non avessero pensato a far della politica partigiana ed a creare nel palazzo San Giacomo una succursale di Montecitorio. Il risanamento di Napoli è sempre stato posposto al gran problema se al Municipio ci dovesse essere la Destra, la Sinistra o il Trasformismo"

Era l'Italia unita, e lo stato centrale doveva fare la sua parte.
Napoli andava 'sventrata' nelle sue zone più degradate e fu emanata, nel 1885, la legge per il Risanamento della città di Napoli (i lavori sarebbero cominciati però solo nel 1889, quattro anni dopo). Nuove fogne, nuovi quartieri e nuove strade.
Ciò di cui la città aveva bisogno. E non solo Napoli, perché furono circa 70 comuni in Italia, tra cui Milano, Genova e Torino, ad avvalersi degli stessi benefici concessi dalla legge.

Ci fu poi un altro focolaio nel 1893 che colpì Genova, Napoli, Palermo, Roma, Torino e Milano, ma non con le proporzioni precedenti.
E il 9 maggio del 1900 fu Napoli, ancora una volta risanatasi dalle sue ferite, ad ospitare l'Esposizione nazionale d'Igiene. Una grande expo inaugurata dal re Umberto I, con 54 tra padiglioni e chioschi di aziende italiane e straniere.
Ci è chiaro quindi che il colera per 60 anni fu l'incubo di tutta Europa. Che il problema delle cattive condizioni igienico sanitarie era di tutte le grandi città europee e che Napoli, quando non più capitale del suo regno, fu colpevolmente dimenticata dallo Stato che la lasciò indietro nei suoi bisogni fondamentali, salvo poi riparare anni dopo. Ma Napoli è raccontata, da sempre, come colpevole e non vittima delle sue ferite; e di questa narrazione tossica se ne ha un esempio lampante con quello che accadde nel 1973.

Napoli - Ricordo dell'Esposizione d'Igiene - Cartolina dell'epoca - 1900

IL COLERA DEL 1973

Il 27 agosto del 1973 il Ministero della Sanità sospetta la presenza del vibrione colerico a Napoli. In realtà già da qualche giorno l'epidemia è in corso proveniente da Torre del Greco. In città scatta la psicosi.
Vettore dell'epidemia, si appurò solo dopo, una partita di cozze proveniente dalla Tunisia, che portò il colera anche in altre città europee tra le quali Barcellona, in Puglia, dove fece 9 vittime (3 solo a Bari), a Cagliari e a Palermo.
Ma Napoli fu la città che se ne liberò per prima. Sì, perché in 7 giorni fu realizzata la più grande operazione di profilassi europea dal dopoguerra. Vennero vaccinate un milione di persone in una sola settimana. Un milione.
Il 25 ottobre, dopo soli 2 mesi, l'Organizzazione Mondiale della Sanità dichiarò conclusa l'infezione di colera a Napoli. I morti furono 12 o 24, secondo varie versioni.
Barcellona invece ci mise 2 anni per liberarsi dall'epidemia.
Ma come fu vissuta e come è stata raccontata la tragedia di quei giorni? Per tutti erano state le cozze inquinate di Napoli a portare l'infezione, e le cattive condizioni igieniche nelle quali versava la nostra città a diffonderla.
Solo dopo il Dottor Zarone, incaricato dal tribunale di Napoli di scovare il focolaio della malattia, dichiarerà:

"All'epoca si accettava una concentrazione di 4 colibatteri per grammo di cozza. Io dovetti constatare che nelle cozze napoletane i colibatteri per grammo di cozza erano 400.000. La cosa paradossale era che le cozze erano un tale concentrato di colibatteri, a causa dell'inquinamento del mare, da impedire di sopravvivere allo stesso vibrione del colera".

Infatti le cozze napoletane, come detto, non c'entravano nulla. 911 persone vengono ricoverate in pochi giorni con sintomi sospetti, ma poco più del 10% di loro risulteranno affette dal colera. Ma la psicosi è in atto. Partono le leggende metropolitane.
Paolo Cirino Pomicino, allora Assessore al Comune di Napoli con delega ai cimiteri, viene accusato di aver occultato centinaia di cadaveri vittime del colera per non allarmare la popolazione.
I prezzi dei limoni, individuati come antidoto al colera, salgono alle stelle.

"Anche nel resto d'Italia è caccia all'untore; in questo caso, il napoletano. Quando a Roma muore un uomo per colera, viene chiuso il mercato di Porta Portese, frequentato da troppi venditori ambulanti provenienti da Napoli e dintorni (Rai - Il Tempo e la Storia - Napoli 1973: i giorni del colera)"

In un altro speciale Rai de *La Storia siamo noi* del 2011, viene ricostruita la narrazione spropositata dell'epoca, con la testimonianza di Paolo Mieli, allora giovane giornalista dell'Espresso che seguì a Napoli la vicenda.

"Fui mandato a raccontare una città allo sbando, invece i napoletani reagivano con calma all'epidemia del colera. Mi ricordo per esempio di file ordinate per le vaccinazioni di massa... la città fu vista come un centro in cui il malaffare combinato con la politica e con altri interessi loschi aveva prodotto il virus del colera. Ci fu una psicosi collettiva che identificava in Gava quasi un mandante della malattia..."

Il Presidente dell'ente porto e l'ufficiale sanitario vengono indiziati di epidemia colposa. Verrano poi ovviamente assolti.
Ma in realtà Paolo Mieli ricorda che proprio Gaetano Ortolani, il Direttore dell'ufficio sanitario del Comune di Napoli, aveva scritto mesi prima una lettera di allarme al capo della Procura segnalando il pericolo che attraverso il mercato delle cozze si diffondesse qualche infezione. Lettera ignorata.

E proprio lui, ricorda il giornalista, finì alla sbarra:

"La parte giudiziaria di questa vicenda fu quasi comica... è dal 1861, dall'anno in cui fu fatto lo stato unitario, che Napoli, l'ex capitale del Regno delle 2 Sicilie, è vittima di un fortissimo pregiudizio, come se fosse una città del demonio popolata da lazzari e scamiciati che ne fanno di tutti i colori. Ogni volta che c'è una disgrazia, i ritardi ammissibili, che Napoli condivide con altre città e che spesso capitano in città del centro o dell'Italia del nord, diventano un flagello. Se noi riguardiamo i giornali dell'epoca bisogna ammettere che la criminalizzazione di Napoli fu davvero spropositata".

Ma la narrazione grottesca varca i confini italici. Una biologa inglese, June Chambers, in quei giorni viene ricoverata al *Cotugno* per un'intossicazione alimentare, ma al suo rientro a Londra pubblicherà sul Times, il quotidiano di Londra, un resoconto da brividi del suo 'soggiorno' napoletano:

"Montagne di immondizia e vomito e nessuno pulisce, nessuno che si lava le mani, i medici puzzano di alcool, manca il sapone e la carta igienica, è un ospedale da incubo".

Mario Soscia, direttore del Cotugno all'epoca, dichiara:

"Per quanto avessimo attuato un'ottima organizzazione... l'ospedale viveva in grandissima emergenza derivante dall'impatto di circa 900 ricoverati in una sola settimana. La Chambers però riconobbe questo e ritrattò tutto e ci scrisse anche una caldissima lettera che il Times però decise di non pubblicare".

Napoli quindi, ancora una volta, reagì con forza e coraggio all'ennesima piaga che si abbatté su di essa, scacciandola rapidamente. A durare a lungo nel tempo è invece il pregiudizio, la cattiveria, il razzismo, di chi ha deciso di distorcere e stravolgere la verità storica a favore di una narrazione fantasiosa che dipinge il popolo napoletano colpevole di tutto, di quello che subisce e di quello

che non esiste.
Sono passati 45 anni e per gran parte dell'Italia il colera è stato figlio dell'immondizia, a sua volta figlia unicamente dell'inciviltà dei napoletani.

Giovedì 30 agosto 1973

INFORMAZIONE ATTUALITA'

3

Scatenata la lotta contro il morbo ma a Napoli scarseggia il vaccino

Napoli - Cittadini in fila per vaccinarsi - 1973

A' MUNNEZZA

Il nostro barbaro marchio identificativo che perdura negli anni è sempre quello: l'immondizia.
Napoli è raccontata come una città sporca popolata da abitanti incivili e irrispettosi delle regole, senza senso civico né cultura dell'igiene. A rafforzare quest'idea ha contribuito, ovviamente, l'emergenza che la città ha patito negli anni, che ha vissuto il punto più buio una decina d'anni fa, nel 2008.
Strade invase dai rifiuti e immagini che hanno fatto il giro del mondo. La colpa? ovviamente dei napoletani.
Come se nel resto d'Italia i rifiuti non fossero prodotti o evaporassero. Come se il problema non fosse il sistema di raccolta e smaltimento ma l'amore dei napoletani a lasciare i sacchetti per strada, vigilando che nessuno li raccogliesse per il piacere di vivere tra i rifiuti. Come se la responsabilità non fosse anche o soprattutto politica ma ascrivibile esclusivamente ai cittadini.
Ma se provi a difenderti ti verrà contestato nell'ordine:

1) *E allora perché succede solo a Napoli?*
2) *Si, produciamo tutti rifiuti, ma voi perché non fate la raccolta differenziata?*
3) *Se la colpa è della politica, voi perché li avete votati?*

E questi non sono solo i discorsi al bar. Queste argomentazioni hanno riempito i dibattiti dei salotti televisivi per anni.
Proviamo a rispondere, punto per punto, partendo da una premessa.
La crisi dei rifiuti a Napoli nasce dal saturamento delle discariche e dalla mancanza di un piano organizzativo prospettico per il corretto smaltimento nel tempo dei rifiuti.
Lo stato italiano, del quale facciamo parte (è bene ogni tanto ri-

cordarlo) ne prende atto 25 anni fa e nomina ciclicamente commissari straordinari (11 in 14 anni) per fronteggiare l'emergenza.

Si riaprono vecchie discariche, se ne individuano di nuove e si predispongono termovalorizzatori e impianti per la produzione delle cosiddette 'ecoballe'.
L'appalto viene affidato alla *Fibe*, una controllata del gruppo *Impregilo*, con sede a Milano. L'immondizia non prospera per le strade quindi nessuno ne parla; ma il problema si fa sempre più grave. La ditta appaltatrice non consegna il termovalorizzatore in tempo e le ecoballe sono comunque troppo umide per poter essere bruciate in qualsiasi impianto, ma la *Fibe* continua a sfornarle e le lascia accumulare: 5 milioni.
Ci troviamo quindi rifiuti confezionati in ecoballe che non sono adatte per essere bruciate, in un termovalorizzatore che peraltro non esiste. Le discariche sono sature e riempite oltre i limiti e la popolazione adiacente comincia a pagarne le conseguenze in termini igienico sanitari.
Anche perchè la criminalità si è infiltrata nel ciclo riempendo le discariche di rifiuti non idonei provenienti spesso dal Nord.
La raccolta differenziata poi, in assenza di un piano serio, non decolla. Non si sa dove mettere i rifiuti i quali finiscono a marcire per strada. E mentre i tribunali lavorano per l'accertazione delle responsabilità la strada per trovare un equilibrio è sempre più ripida complice la resistenza delle altre regioni a farsi carico del problema.

La monnezza di Napoli non la vogliamo

Infatti in tutta Italia si fa a gara a respingere i rifiuti napoletani (a pagamento), quasi puzzassero più degli altri: "*La loro monnezza non la vogliamo*", si sentiva ovunque.
Nel 2008 l'allora consigliere comunale di Milano Matteo Salvini, in occasione della trasferta dei tifosi napoletani a San Siro, organizzò in prima persona un'accoglienza speciale ai tifosi napoletani che giunsero allo stadio, accolti da lui e i suoi sodali con tanti sacchetti della spazzatura in mano. Un regalo per i partenopei. Cercò di prepararne 5000, che però dopo l'intervento di questura e prefettura si ridussero a qualche decina.

"*Così imparano a fare la raccolta differenziata*", dichiarò.

Sacchetti in regalo

E a San Siro la Lega provoca i napoletani

Capogruppo Matteo Salvini, capo dei consiglieri comunali leghisti a Milano

MILANO — «Consegnateli al sindaco Iervolino». Fazzoletto verde al collo. In mano sacchetti della spazzatura gialli e neri. Così un gruppo di giovani della Lega ha accolto i tifosi del Napoli, ieri a San Siro per la partita con il Milan. Regalo simbolico: «Così imparano a fare la raccolta differenziata». Nel progetto iniziale degli ultrà rossoneri del Carroccio, guidati dal capogruppo di Milano Matteo Salvini, i sacchetti da regalare erano 5 mila. Si sono ridotti a qualche decina, consegnati lontano dallo stadio. Iniziativa ridimensionata dopo il messaggio arrivato da questura e prefettura: evitare la provocazione. Alla fine, ai leghisti si è avvicinato un solo gruppetto di napoletani: «Non potete accusare un'intera città per colpa di pochi amministratori».

G. San.

Dimenticava cosa era successo nella sua città pochi anni prima e che dopo leggeremo.
Nel 2011 invece il Consiglio dei ministri approva il decreto sui rifiuti a Napoli che prevede il trasferimento degli stessi in altre regioni, ma solo "*previ accordi bilaterali*" .
Quindi solo se vorranno, e già si sapeva che non avrebbe voluto nessuno. Ma la Lega si oppose comunque duramente. E Bossi dichiarò:

"*Il problema dei rifiuti lo abbiamo già risolto una volta, vuol dire che non imparano la lezione*".

E alla domanda se le Regioni del Nord avrebbero accolto i rifiuti della provincia di Napoli, la risposta fu netta: "*penso di no...*". Ovviamente, ognuno deve smaltirsi i suoi rifiuti.

Anche per Bossi, pessima memoria. Ovviamente nessuno commentò quello che fu trovato nell'ormai satura discarica di Pianura: un mare di veleni tossici provenienti da aziende del Nord. *Repubblica* il 22 gennaio 2008 riporta le parole di Massimo Scalia, ex parlamentare dei Verdi tra il 1998 e il 2000, che in quel periodo aveva presieduto la commissione di inchiesta sui rifiuti :

"Quali veleni nasconde Pianura?... Otto anni fa, nel nostro lavoro di indagine, accertammo in modo incontrovertibile che a Pianura erano finiti sicuramente i fanghi velenosi dell'Acna di Cengio (Liguria). Un quantitativo rilevante, che purtroppo non riuscimmo a definire con esattezza perché buona parte della documentazione che riguardava i trasporti o era andata distrutta o era incompleta. Quei fanghi, ovviamente, sono ancora lì, a Pianura. E se nessuno metterà mano continueranno ad avvelenare la terra e l'acqua. Per sempre".

Sempre su *Repubblica* il 30 marzo 2011 leggiamo:

"Qui hanno sepolto per anni i rifiuti speciali di aziende di tutta Italia. Nel lungo elenco presentato dalla Commissione Ambiente della provincia di Napoli spiccano le 1.147 tonnellate di scorie e ceneri di alluminio, portate qui nel 1990 dalle Fonderie Riva di Parabbiago nel milanese. Ma anche le resine della set di Parona, a Pavia, le ceneri della Enel di Brindisi, le polveri di amianto giunte da Ferrara di Robassomero in provincia di Torino, i fanghi biologici e da verniciatura della Ferolmet di San Giuliano milanese, il collante acricilico della Sicaf di Cuzzago, in provincia di Novara".

Questi rifiuti, purtroppo, non se li è venuti a riprendere nessuno. Bisognerà aspettare il 2012, con il termovalorizzatore di Acerra funzionante e altre discariche riaperte per trovare un parziale equilibrio. Parziale, perché l'inceneritore al 2019 continua a non funzionare a pieno regime e ad ogni interruzione ci si ritrova con il problema dei rifiuti in strada.
Ciò premesso proviamo a rispondere alle classiche contestazioni.

Perché succede solo a Napoli?

Infatti non succede affatto solo a Napoli, anzi.
Fu proprio Milano nel 1995 a vivere una catastrofica emergenza rifiuti. La discarica di Cerro Maggiore, la più grande d'Europa (di proprietà di Paolo Berlusconi), era satura e se ne predispose l'allargamento. Gli abitanti insorsero; 28mila tonnellate di spazzatura indifferenziata da smaltire giaceva nei piazzali dell'*Amsa*.
Di raccolta differenziata, fino ad allora, neanche a parlarne.
L'allora assessore comunale all'ambiente Ganapini denunciò:

"nei pressi di via Bonfadini a Milano ci sono 45mila tonnellate di terriccio inquinato da pesticidi organoclorurati, fra i quali il ddt, e quindi rifiuti tossici nocivi, che sono stati stoccati abusivamente e due vasche con 200mila tonnellate di rifiuti speciali che hanno un'autorizzazione scaduta".

Il Corriere della Sera il 16 ottobre 1996 titola: "*Una polveriera sotto Milano*". E nell'articolo si legge:

"Cave abbandonate riempite di rifiuti tossici, discariche a cielo aperto in città... le analisi dei rifiuti a Montecity rivelano che si tratta di residui tossico-nocivi... da un primo sondaggio è emerso che su un'area di due ettari di verde i primi due metri sono costituiti da farmaci scaduti... contaminazioni sono state riscontrate anche alla Pirelli di Via Sarca... 11 delle 23 cave presenti sul territorio sono riempite con materiale improprio"

Operazione pulizia delle ex aree industriali: l'assessore Ganapini fa il punto dell'intervento

Una polveriera sotto Milano

Discariche, rifiuti tossici, inquinamento delle acque: parte la bonifica

Aree industriali dismesse, come ampolle pronte a sprigionare veleno e inquinare la falda acquifera. Cave abbandonate riempite di rifiuti tossici. Discariche a

Pirelli di viale Sarca.
Cave. Materiale «improprio» riempie 11 cave delle 23 presenti sul territorio. Tre di esse (Trezzano, Ronchetto, Quinto Romano) sono

Curzio Maltese su Repubblica il 21/11/1995 scriveva:

"E' successo che gli abitanti di Cerro Milanese si sono stufati di ospitare la più grande discarica della Lombardia (proprietà di Paolo Berlusconi) e bloccano alla frontiera paesana i camion carichi di spazzatura in arrivo dalla capitale morale. Risultato, Milano accumula ogni giorno 1300 tonnellate di rifiuti inevasi. La città naviga ormai nel letame... chi urla sempre è Bossi, forse per coprire con gli slogan il fallimento delle giunte leghiste. Si fa presto a dire federalismo. "Gli africani in Africa", "le tasse dei lombardi alla Lombardia": vale anche per l' immondizia? "

Il 27/11/1995 leggiamo sempre da Repubblica:

"MILANO - Il borsino dei rifiuti è arrivato a quota ventimila: tante sono le tonnellate di spazzatura che hanno invaso le strade di Milano...immagine simbolo della crisi la vera e propria montagna di Via Olgettina, nel piazzale attiguo alla sede della municipalizzata dei rifiuti: un picco di 'pattume' da circa 10 mila tonnellate che fronteggia l' ospedale San Raffaele. Panorama inquietante per degenti e sanitari... la crisi dei rifiuti a Milano ha un motivo di fondo - la dipendenza dalle discariche, fonte inesauribile di tangenti e di inchieste della magistratura"

Anche per Milano, trafila analoga a quella di Napoli.
Nel settembre 1995 il governo Dini nomina un Commissario straordinario per l'emergenza rifiuti (ed anche il quel caso, come per Bassolino, fu nominato lo stesso Roberto Formigoni, allora Presidente della Regione, insieme al Sindaco di Milano, Marco Formentini).
Ma per Milano scattò subito la solidarietà nazionale.
L'allora presidente della Regione Emilia-Romagna, Pierluigi Bersani, in accordo con i Sindaci di Ravenna, di Ferrara e di Sogliano (Rimini) rende disponibili i propri impianti di smaltimento.
Poco dopo l'assessore all'Ambiente di Milano firma un'intesa con i Comuni di Ravenna, Ferrara e Forlì per far confluire i rifiuti

nei rispettivi inceneritori. Da quel giorno e per tutto il mese di dicembre, 350 tonnellate vennero trasportate quotidianamente fuori regione. Altre destinazioni dello smaltimento furono Trinitapoli (Foggia) e Gubbio (Perugia).
Ad oggi, pur se il ciclo dei rifiuti è funzionante, permangono criticità riguardo alle infiltrazioni criminali.
A luglio del 2018 tra Milano e Pavia finiscono in manette nove persone con l'accusa di associazione a delinquere finalizzata al traffico illecito di rifiuti e alla creazione di discariche abusive. Vengono sequestrati dodici mezzi, nove impianti per il trattamento dei rifiuti e due milioni di euro.
Mentre a gennaio 2019 il procuratore generale di Milano, Roberto Alfonso, denuncia una 'terra dei fuochi' a Milano con capannoni stipati in modo clandestino di migliaia di tonnellate di rifiuti oggetto di incendi dolosi.
Il 9 luglio del 2019, dopo l'ennesimo incendio in un sito di stoccaggio in provincia di Milano, la commissione antimafia della Regione Lombardia evidenzia che "*ci sono evidenti interessi della malavita organizzata nella gestione dei rifiuti in Lombardia*".
Nel frattempo, mentre Napoli tra mille criticità mantiene un equilibrio, nel resto d'Italia le emergenze non si contano.
La Liguria è in perenne emergenza e trasferisce i rifiuti in Piemonte, la provincia di Genova non ha discariche.
In Toscana ci sono più inchieste sullo smaltimento illegale che discariche. Rifiuti tossici smaltiti senza trattamento, fanghi spacciati per fertilizzanti e riversati nei terreni agricoli.
In Umbria da qualche anno le strade sono periodicamente invase dai rifiuti. Crisi con le solite cause; impianti saturi. Si va avanti con l'aiuto delle altre regioni.
A Roma e nel Lazio, inutile parlarne. Anche qui strade invase dai rifiuti, per carenza degli impianti di sversamento. In questo caso la risonanza mediatica offerta alla capitale è simile alla nostra. Che non siamo la capitale d'Italia.
E Basilicata, Puglia, Calabria e Sicilia versano in condizioni, purtroppo, parimenti disastrose. Ma, probabilmente, dire che il problema dei rifiuti è solo napoletano, fa sentire tutti più tranquilli.

Perché non fate la raccolta differenziata?

La raccolta differenziata sarebbe, in effetti, il primo obiettivo al quale puntare per scongiurare il perenne problema della gestione dei rifiuti in ogni città.
Con il riciclo, infatti, si possono ridurre sensibilmente le quantità dei rifiuti da smaltire e si potrebbe anche rinunciare alle discariche, uno dei sistemi di smaltimento più primitivi che ci sia.
Ma la buona volontà dei cittadini a farla è solo uno dei meccanismi necessari a farla funzionare.
Serve la creazione di un ciclo virtuoso fatto di raccolta puntuale, smaltimento corretto in impianti idonei e sanzioni reali per chi non rispetta le regole.
Tutto questo è, ovviamente, responsabilità dell'amministrazione.
Verso fine 2010 l'emergenza rifiuti a Napoli è sotto i riflettori della stampa mondiale, complici anche le ricorrenti manifestazioni di protesta dei cittadini all'apertura di nuove discariche nei loro territori. La 'monnezza' di Napoli non la vuole nessuno, né in Campania, né in altre regioni.
Da *Porta a Porta* ad *Annozero* passando per tutti i telegiornali si 'indaga' sulle cause dell'emergenza mai terminata.
La dignità di milioni di cittadini campani mortificata in tutto il mondo ed affidata alla responsabilità etica dei giornalisti che dovrebbero far 'capire'.
Sì, perché, oltre alla condanna unanime della condotta delle amministrazioni locali e nazionali, è un'altra la domanda che serpeggia nell'animo di tutti, cronisti, politici e cittadini:

"Ma perché i Napoletani non fanno la raccolta differenziata? E' tutta colpa delle amministrazioni o sono anche loro totalmente mancanti di senso civico?"

Il 17 maggio 2011, durante una puntata della trasmissione *Ballarò*, l'allora presidente della Regione Piemonte Roberto Cota, commenta l'emergenza napoletana dei rifiuti con queste parole:

"i cittadini napoletani devono imparare a fare la raccolta differenziata, lo so che è faticoso, ma devono imparare".

In quel *"lo so che è faticoso"* si legge tutto il disprezzo per i lazzari napoletani, che affogano nell'immondizia per loro esclusiva pigrizia.

In un paese normale il conduttore della trasmissione o uno degli altri ospiti presenti in studio (c'erano Nichi Vendola, Fabrizio Cicchitto, Anna Finocchiaro, Pierferdinando Casini e il direttore della Stampa Mario Calabresi) avrebbero ribattuto alla menzogna, perché di menzogna si trattava, con la verità; ma ovviamente nessuno parlò.

Bastava semplicemente raccontare che il Comune di Napoli con l'allora Sindaco Jervolino, tra il 2008 e il 2009, nel pieno dell'emergenza, avviò sperimentalmente un piano di raccolta *porta a porta* in 7 zone di Napoli.

Fu un lavoro fatto bene; gli operatori dell' Asìa (l'azienda responsabile della raccolta rifiuti a Napoli ed anche della raccolta differenziata) passarono casa per casa a fornire del materiale necessario i cittadini per differenziare i propri rifiuti. Gli opuscoli allegati contenevano tutte le informazioni necessarie su come e dove venivano poi riciclati gli stessi e la raccolta avveniva puntuale.

I risultati? Pubblicati mese per mese sul sito di Asìa.

Ed erano questi:

San Giovanni differenziava in media il 50% dei rifiuti. Il *Rione Alto* il 67%. I *Colli Aminei* il 68%. *Ponticelli* il 70%. *Chiaiano* differenziava il 73% dei rifiuti, il *Centro Direzionale* l'85% e *Bagnoli* differenziava addirittura il 91% dei rifiuti.

E, a parte un articolo del *Corriere del Mezzogiorno* del 21/12/2010 dal titolo *"Bagnoli come Tokyo: i 7 quartieri ricicloni che trainano Napoli"*, la stampa nazionale e internazionale non diede la minima evidenza a questo dato eclatante.

Si sarebbero forse dovuti mettere in discussione tutti gli stereotipi legati a questa città e a nessuno interessava farlo.

Ma Napoli aveva voglia, come si dice da queste parti, di 'levarsi gli schiaffi da faccia'; però per farlo serviva la piena collaborazio-

ne delle istituzioni che non dovevano limitarsi ad un puntuale servizio di raccolta ma anche e soprattutto ad elevare esemplari sanzioni per chi aveva deciso di fregarsene delle regole.
Ma questo, purtroppo, non accadde.

CORRIERE DEL MEZZOGIORNO.it

21 dicembre 2010

DOSSIER WWF CAMPANIA ■ ECCO I SITI DOVE FINISCONO CARTA VETRO E PLASTICA

Bagnoli come Tokyo: differenziata al 91%
I quartieri «ricicloni» che trainano Napoli

Nelle zone della città dove si fa il porta a porta si supera il 60 per cento. Il top nell'ex area Italsider

STATISTICHE - Le statistiche premiano i sette quartieri napoletani (**Bagnoli, Ponticelli, Centro direzionale, Chiaiano, Colli Aminei, San Giovanni a Teduccio, Rione Alto** per un totale di circa 130 mila abitanti) dove si realizza il servizio di raccolta dei rifiuti col «porta a porta». Aree della città dove si raggiunge il 66,09% di differenziata. Dunque, almeno a leggere i numeri, il riciclo sotto il Vesuvio non è un miraggio e i napoletani possono allinearsi ad altri capoluoghi virtuosi, se incoraggiati dal porta a porta.

In qualsiasi città del mondo un così elevato senso civico sarebbe stato tutelato dalle istituzioni; da noi no.
Accanto ai sacchetti di vario colore regolarmente riposti nelle ore e nei giorni indicati, permanevano materassi, mobili, copertoni d'auto e sacchetti d'indifferenziato attorno alle campane.
Pochi incivili, che potevano essere isolati a suon di multe, sono stati lasciati liberi di vanificare il lavoro svolto. Sia in termini di decoro dell'ambiente, alimentando la percezione di uno stato di degrado nonostante i numeri importanti della raccolta differenziata, sia in termini pratici, perché conferire rifiuti 'tal quale' nello stesso bidone dell'umido, ad esempio, rende inutilizzabili anche i rifiuti correttamente differenziati.
Ma il sistema comunque produceva risultati e quando il Comune passò alla guida di De Magistris, il piano di raccolta fu esteso anche ad altre zone. Permanevano però le stesse criticità; non c'erano controlli.
Il senso civico si rafforza e cresce in un clima 'legale', in un sistema funzionante. Quando si ha la percezione di un clima 'anarchico' i risultati scarseggiano, sempre e ovunque.

E' la "teoria delle finestre rotte", con la quale si afferma che mantenendo e controllando ambienti urbani contrastando i piccoli reati, dagli atti vandalici alla deturpazione dei luoghi, dalla sosta selvaggia all'evasione nel pagamento di mezzi pubblici e pedaggi, si crea un clima di ordine e legalità che riduce il rischio di crimini più gravi e produce effetti emulativi in positivo. Da noi avviene l'esatto contrario.
Con gli anni poi si è preferito in alcune zone raccogliere la plastica e la carta non più 'porta a porta' ma facendola depositare in apposite campane collocate lungo la strada.
Ma anche in questo caso il lavoro di tanti viene vanificato dai pochi (che con il tempo saranno sempre meno 'pochi') i quali negli stessi contenitori ripongono l'indifferenziato.
Si accostano con l'auto presso le campane e con nonchalance ripongono i loro rifiuti speciali o attorno le campane stesse o all'interno dei cassonetti.
Mai una volante, mai una telecamera, mai una multa.
Se segnali ai vigili urbani, non serve a nulla. Devi recarti presso un comando di Polizia e presentare denuncia che se non ben supportata da prove ti fa incorrere anche nel rischio di rimetterci.
Per capire il senso del problema basti riflettere su un dato relativo al 2016. Una delle città dove si ha la più alta percentuale di raccolta differenziata (considerando quelle con oltre 200mila abitanti) è Milano con il 57%.
A Napoli, pur se in costante crescita, la percentuale del 2018 era al 35% circa (anche se a luglio 2019 Asìa segnala una media dell'anno in corso del 40%). Ma fu proprio Il presidente di Asìa 3 anni fa, Francesco Iacotucci, a fornirci un dato emblematico, come riporta *Repubblica* il 20 agosto 2016:

"Le circa 700 multe fatte a Napoli per abbandono di rifiuti o per scorretto conferimento degli stessi del 2016 non sono confrontabili con le 45 mila annue erogate dai vigili di Milano, ma si tratta di un inizio che può cominciare a convincere i cittadini, come avvenuto per il tutor in tangenziale, che rispettare le regole non è un optional, ma un obbligo".

Chiaro? Meno di 2 multe al giorno per Napoli, contro le oltre 120 quotidiane di Milano. La metropoli più civile d'Italia, che ha puntato sulla raccolta differenziata solo dopo aver vissuto la sua grande crisi dei rifiuti (prima le percentuali erano inesistenti), mantiene certi risultati non affidandosi esclusivamente al senso civico dei cittadini, ma effettuando un pressante controllo volto al rispetto delle regole, con 45.000 sanzioni l'anno.
E' la parte che spetta alle amministrazioni. Da noi questa parte non si riesce ad imporla. Le 700 multe del 2016 sono poi aumentate negli anni a seguire, ma in maniera assolutamente irrilevante rispetto ai dati milanesi.
E questo, giusto per chiarire, non rende di Milano una città così civile come si potrebbe immaginare. Di certo più pulita, perché il servizio è migliore, ma certe criticità sono assolutamente comuni.
Solo nel 2017 l'*Amsa* ha individuato a Milano 1138 discariche abusive. Millecentotrentotto.

Su Repubblica Milano del 27/09/2017 leggiamo:

"Ci sono quelli che svuotano i pick up pieni di piastrelle, calcinacci, scaldabagni e materiale di risulta dei cantieri. Quelli che si improvvisano svuota cantine e dopo aver girato l'angolo lasciano tutto in mezzo alla strada. E non mancano poi quelli che per pigrizia o per evitare il viaggio fino alla discarica si sbarazzano di mobili e rifiuti ingombranti dove capita. Il fenomeno delle discariche a cielo aperto è ancora una piaga a Milano. Di medie e grandi dimensioni, nella prima metà del 2017 l'Amsa ne ha individuate e ripulite ben 1.138".

Su Repubblica Milano del 17/07/2017 invece si parla dei cestini stradali, quelli che dovrebbero essere destinati ai piccoli rifiuti, che invece si trasformano in cassonetti di raccolta domestica causando un danno al Comune, solo per la mancata differenziata, di 400mila euro l'anno.
Ne scrive anche il Corriere della Sera/Milano nella sua edizione on line il 18/11/2018: racconta della massa di incivili che appro-

fitta dei cestini per depositare sacchetti di spazzatura e dell'*Amsa* che deve svuotarli fino a tre volte al giorno "*per stare dietro al continuo accatastamento di spazzatura*", individuando una responsabilità mista tra i 'city user', i commercianti e residenti incivili.

A settembre del 2018 il Sindaco di Cinisello Balsamo denuncia che nella sola giornata di Lunedì 17 settembre "*sono state individuate, in tutta la città, 31 aree nelle quali sono stati rinvenuti e ritirati oggetti ingombranti abbandonati abusivamente*", nonostante esista un efficiente servizio di ritiro gratuito di materiali ingombranti.

Nonostante ciò, ricorderà poco tempo fa lo stesso Iacotucci, "*Napoli cresce con tassi del 4% annuo, perfettamente in linea con le grandi metropoli europee*".

Ma devono raccontarla così, che l'assenza di senso civico è appannaggio esclusivo del popolo napoletano.

Nonostante il dossier di Legambiente del 2018 evidenzia che la Campania intera differenzia il 52,67% ed è la più virtuosa dell'intero Mezzogiorno facendo meglio di Toscana, Liguria e Val D'Aosta. Nonostante abbiamo 238 comuni nella nostra regione che superano il 65% di raccolta differenziata.

Il dato evidente è che, laddove messi in condizione, i napoletani hanno dimostrato un grande senso civico, nonostante la convivenza con una fascia di persone che delle regole se ne infischia e si sente anche agevolata da un clima di 'tolleranza' che vige a Napoli. Una tolleranza che ha generato un effetto 'scoramento' in tutti i cittadini che vedono vanificato e non rispettato il loro senso civico, finendo per trovarlo a tratti inutile, perché non accompagnato da un'azione efficace di contrasto alla parte incivile della società.

E le funzioni di controllo del territorio e rispetto delle regole non competono ai cittadini che pagano, con le tasse, le autorità preposte a farlo. Ma, nonostante mille criticità, i dati complessivi sono in crescita e, nel complesso regionale, virtuosi.

Purtroppo l'unica 'differenziata' che non si riesce mai a fare è quella tra le verità e le bugie.

Il business della differenziata tra numeri e civiltà

Nel mese di gennaio del 2019 sono comparsi dei cartelli apposti su dei bidoni della spazzatura a Pordenone, capoluogo di provincia in Friuli-Venezia Giulia, che recitavano:

"Lasciare pulito. Non siamo a Napoli! Civiltà significa rispetto delle regole nella città in cui si vive".

Era già successo un paio di anni fa a Maroni di Brugnera in provincia di Pordenone dove su Facebook un pizzaiolo del posto denunciava i cumuli di rifiuti sparsi per le strade con il classico commento *"Non è Napoli. Ma siamo a Maroni di Brugnera"* e il sindaco della cittadina commentava l'episodio rimarcando le siderali differenze tra Napoli e il suo paesino.
Ma in realtà era successo e succede ovunque, ciclicamente.
Il richiamo alla civiltà, in certi luoghi, esige sempre l'esempio contrario, che è sempre Napoli; si richiama alla civiltà ma lo si fa nella maniera più incivile possibile.
Le foto, nel caso di Pordenone, mostravano accanto a quei bidoni, materiali di risulta, un secchio di vernice e mobili vari.
Sorvolando sulla solita tendenza a prendere Napoli come punto di riferimento negativo per denunciare i propri problemi, è interessante parlare della piccola cittadina friulana (50.000 abitanti) per capire quanto i numeri dell'immondizia coincidano con il tasso di civiltà, e soprattutto rendersi conto di chi si arricchisce in Italia con i rifiuti, specie quelli della differenziata.
Pordenone è uno dei Comuni più 'ricicloni' d'Italia, con una raccolta differenziata che viaggia a ritmi elevatissimi, oltre l'84%.
Se ne deduce che il senso civico in questa comunità sia di proporzioni immani. Se però spulci nella cronaca locale scopri che tutto il mondo è paese. Discariche abusive un po' ovunque.

Riferisce il *Gazzettino* online il 10 ottobre 2017:

"Dal cartongesso all'amianto, dagli pneumatici usati a lavandini e

bidet. Senza contare i classici sacchetti dell'immondizia all'interno dei quali si trova di tutto: plastica, vetro e rifiuti organici. Ma quello che è peggio è che sono in aumento le discariche abusive di amianto. Quella che Gea e Polizia locale hanno intrapreso ormai da tempo, avvalendosi anche della collaborazione di tre ausiliari del servizio di vigilanza ambientale, che operano anche la sera e nei giorni festivi tra Pordenone e Roveredo in Piano è una dura battaglia. Per uno che viene pizzicato ad abbandonare i rifiuti, infatti, arrivano almeno tre segnalazioni di nuove discariche a cielo aperto".

Secondo Luca Mariotto, amministratore unico di *Gea* (la società incaricata della raccolta rifiuti):

"Non c'è età e soprattutto grado di istruzione ad identificare chi abbandona le immondizie. Talvolta ci imbattiamo anche in persone che hanno un grado di istruzione medio-alto e, tanto per citare un esempio, siamo da tempo sulle orme di due docenti che insegnano in una scuola superiore della città: stiamo soltanto aspettando di beccarli sul fatto per sanzionarli"

In un articolo della stessa testata datato 13 maggio 2015, Luca Mariotto riferiva:

"Per garantire il decoro dovremmo mettere un vigile davanti a ogni punto di raccolta. Una cosa impossibile da fare. Noi cerchiamo di arginare l'inciviltà, ma mi rendo conto che sono ancora tante le persone che non rispettano la differenziata"

Inciviltà in piccolo e in grande.
Nel 2017, infatti, a Cison di Valmarino (Veneto, a due passi da Pordenone), veniva rinvenuta una cava con 53mila tonnellate di rifiuti conferiti illegalmente. La ditta Ecostile Srl, con sede legale a Pordenone, nell'ambito dei lavori di bonifica di una fonderia, anziché smaltire i rifiuti (rocce da scavo e scorie/terre di fonderia, contenente fluoruri) in una discarica autorizzata, sversava in altro sito illecitamente. Ovviamente con tutta una rete di com-

plicità come quella delle aziende trasportatrici, con false annotazioni sui registri di carico/scarico, autisti compiacenti, ecc.
I Carabinieri monitorarono direttamente 41 viaggi di trasporti illeciti. Sembra Napoli? Ma non è Napoli. Siamo nel profondo Nord. Ma, tornando ai numeri, dicevamo che Pordenone è un'eccellenza per la raccolta differenziata. Come tanti piccoli comuni d'Italia, 238 dei quali proprio in Campania.
Però in Campania non esiste un solo impianto di compostaggio (sempre promessi e mai fatti), quelli atti a smaltire i rifiuti organici per trasformarli in concime. Sono quasi tutti al Nord ed il più grande è proprio a Pordenone. E lì la raccolta procede benissimo ovviamente. Un servizio di Repubblica del 22 maggio 2017 a firma Daniele Autieri svela i numeri del business dei rifiuti su scala nazionale. Perché sia dai rifiuti 'tal quale' che dalla differenziata si guadagnano miliardi che arricchiscono quasi esclusivamente aziende e comuni del Nord. L'impianto di compostaggio a Pordenone è gestito infatti da privati (la veneziana Bioman) per fare business, perché la sua capacità di smaltimento supera di molto il fabbisogno regionale; al 2015 ha chiuso con utili per 4,5 milioni. Prende i rifiuti dal Lazio, che pagano per il loro smaltimento quasi il doppio di quanto pagano i friulani. Ed è collegata alla Sesa di Padova (controllata al 51% dal Comune di Este) che smaltisce 400.000 tonnellate all'anno, 100.000 delle quali provenienti proprio dalla Campania, con un utile di 7,8 milioni annui.
La paghiamo cara la nostra differenziata ai comuni del Nord.
E lo stesso discorso vale per gli inceneritori. Quelli del Nord sono finanziati dai rifiuti del Sud senza i quali non produrrebbero utili soddisfacenti. La 'monnezza' del Sud serve al Nord.
Perché se le nostre tasse sui rifiuti sono tra le più alte d'Italia è proprio in virtù del fatto che paghiamo questo smaltimento.
E dire che il più grande inceneritore d'Italia è proprio quello di Acerra; un impianto che incenerisce 714.000 tonnellate all'anno e garantisce ricavi medi pari a 80 milioni di euro. Ma la Regione Campania ha affidato la gestione ad A2A, società da 5 miliardi di fatturato controllata, pensate un po', al 50% dai comuni di Milano e Brescia. E quindi sempre lì vanno a finire i soldi.

Se la colpa è della politica, perché li avete votati?

Quando non si sa più cosa dire arriva l'ultima accusa. Se la colpa è della politica, voi perché li votate? E infatti con l'unica arma a disposizione, la popolazione campana ha espresso il suo dissenso votando le coalizioni d'opposizione ad ogni opportunità.

Comune di Napoli: dopo oltre un decennio di amministrazione del centro-sinistra, nel 2011 la città vota come Sindaco Luigi De Magistris, ex magistrato supportato da IDV e liste civiche.

Provincia di Napoli: Nel 2009 inversione di tendenza anche alla Provincia dove viene eletto un candidato della coalizione di centro-destra dopo oltre 10 anni di amministrazione del centro-sinistra.

Regione Campania: Nel 2010 dopo 10 anni di gestione Bassolino, la guida della Regione va a Stefano Caldoro, candidato del centro-destra. Dopo 5 anni ritorna al centro-sinistra con Vincenzo De Luca.

TERREMOTATI

Nei cori da stadio per insultare i napoletani si ricorre spesso all'appellativo 'terremotati'.
Il riferimento è al tragico evento del 23 novembre 1980 quando un violento sisma colpì la Campania e la Basilicata; l'epicentro fu in Irpinia ma anche Napoli pagò un duro prezzo.
Palazzi crollati, morti e tanti, tanti sfollati. I comuni vicini all'epicentro furono rasi al suolo. Complici anche i ritardati soccorsi il bilancio finale fu da brividi: circa 3000 morti, 9000 feriti e 300.000 sfollati. E quest'etichetta appiccicata che ci classifica, con accezione dispregiativa, 'terremotati'. Colpevoli della terra che ci è franata sotto i piedi. Sono passati quasi 40 anni da allora. E in questo periodo l'Italia ha dovuto assistere a numerose tragedie che hanno colpito altre zone dell'Italia.
Nel 2009 L'Aquila, nel 2012 l'Emilia e nel 2016 Accumoli ed Amatrice, solo per citarne alcune, fino alla tragedia dell'Hotel di Rigopiano in provincia di Pescara colpito da una valanga forse conseguenza delle scosse verificatesi poco prima.
In tutti questi casi non si contarono le catene di solidarietà, fortunatamente.
Poi, il 21 agosto 2017, un terremoto colpisce Ischia; a Casamicciola una donna muore colpita dai calcinacci caduti di una chiesa. Il cadavere di una seconda donna viene individuato sotto le macerie di un'abitazione. E ci sono tre bambini intrappolati sotto le macerie: Ciro, 11 anni e i fratellini Matthias di 7 anni e Pasquale di 7 mesi.
Ciro, il più grande, quando si è visto crollare la casa addosso, ha avuto come primo pensiero quello di stringere il fratellino Matthias e trascinarlo con lui sotto il letto.
Lo ha protetto per ore mentre con un manico di scopa batteva contro le macerie. Batteva, batteva e batteva ancora, per un tem-

po che gli sarà apparso infinito.
Ha conservato la speranza e rassicurato Matthias, sotto un letto che era sotto le macerie. Erano nudi, inermi, quando il crollo li ha travolti. Ma Ciro ha continuato a battere, fin quando i soccorritori non li hanno individuati.
Dopo 12 ore viene tratto in salvo Pasquale di 7 mesi, poi Matthias. Ciro no, era rimasto incagliato sotto a una rete. Altre ore di attesa. Poi anche Ciro ha visto la luce del sole, della salvezza.
Abbiamo sospirato e pianto in tanti, ma non tutti.
Come alcuni sciacalli in rete che hanno espresso il loro compiacimento sulla disgrazia, auspicandone di nuove.
Nulla di nuovo per carità. La rete permette di mettersi una maschera e sfogare i propri istinti più beceri; a queste persone nemmeno andrebbe data troppa visibilità.
Poi c'è lui. Vittorio Feltri.
Che mentre i vigili del fuoco scavavano a mani nude, noi eravamo incollati a tv e smartphone per avere aggiornamenti e 2 famiglie piangevano la scomparsa delle 2 donne morte nel sisma, lui ha il coraggio di twittare:

"Se costruisci una casa abusiva che crolla per una scossa, la colpa non è del sisma ma tua".

2 morti, 2600 sfollati, un bimbo da salvare e il direttore di un quotidiano nazionale, un giornalista di allora 74 anni, non ha di meglio da dichiarare che la colpa, qui al Sud, è sempre di chi muore.
Senza sapere se le case erano effettivamente abusive o solo vecchi edifici. Senza sapere se chi le occupava era chi le aveva costruite o meno. Senza humana pietas.
Ed ecco che magicamente l'argomento diventa se le case crollate erano abusive o meno.
Costruite le case abusive e vi crollano in testa? Ed ora da chi lo volete? E a questo punto sui social non si tratta più di pochi sciacalli ma il pensiero diventa comune e condiviso; Feltri lo ha lanciato e mezza Italia lo ha ripreso.
Mica conta che la piaga dell'abusivismo edilizio non ha connes-

sioni con il sisma, il quale ha interessato per lo più strutture antiche, tra le quali una chiesa già distrutta dal terremoto del 1883 e poi riedificata? No, la colpa è nostra.
Se le case ci crollano in testa, anche se magari siamo solo villeggianti in quella casa, come nel caso della famiglia di Ciro e dell'altra donna morta, non dobbiamo lamentarci.
Tutti i quotidiani nazionali si interrogano sul fenomeno dilagante e incontrollato dell'abusivismo edilizio ad Ischia e Napoli.
Si è riusciti, ancora una volta, a rendere i napoletani colpevoli e non vittime delle loro tragedie.
E tornano in mente le parole della giornalista del *CorSera* Maria Teresa Meli che a maggio del 2016 durante la trasmissione mattutina *Agorà*, commentando un servizio su un borgo abusivo costruito sul litorale di Castel Volturno disse:

"Mi auguro che il Vesuvio si riprenda le case che i napoletani hanno messo là."

Ma l'abusivismo edilizio esiste o meno?
Certo che esiste; un fenomeno dilagante e incontrollato al quale lo Stato non ha saputo porre un freno. Ciò che si è omesso di dire è soltanto che il fenomeno è tutt'altro che ristretto nei confini di casa nostra pur essendo senza dubbio più forte e presente al Sud che al Nord, in particolare in Campania e Sicilia.
Il rapporto Legambiente 'Abbatti l'abuso' del 2018 ci segnala che le forze dell'ordine nell'anno precedente hanno rilevato 3908 infrazioni sul ciclo illegale del cemento: Campania, Calabria e Puglia guidano la classifica delle regioni coinvolte, seguite a ruota però da Lazio, Lombardia e Toscana.
Per non parlare delle richieste di condono edilizio che a Milano sono quasi il doppio di Napoli, superata anche da Roma, Firenze e Torino. E che solo lo 0,9% dei Comuni in Italia non ha avuto richieste di sanatoria in materia di abusi (*Centro Studi Sogeea - 2016*). Ma abusivismo non è solo la casetta costruita per viverci.
Spesso è intreccio tra politica, imprenditoria e mafie.
Legambiente nel 2012 presentò un dossier, *'Cemento Spa'*, con i

dati degli intrecci del malaffare al Nord:

"La Liguria è la prima regione per numero d'illeciti (al Nord), seguono Lombardia ed Emilia Romagna. Sono 26 i clan censiti dalla Direzione nazionale antimafia, 1.431 i beni confiscati. Lombardia al terzo posto in Italia per aziende sottratte alle organizzazioni mafiose. Milano è al quinto posto per gli immobili tolti ai clan.
Senza contare lo scioglimento forzato o le dimissioni anticipate di consigli comunali per infiltrazioni mafiose, Piani di governo del territorio (Pgt) scritti e riscritti 'sotto dettatura', professionisti sorpresi con la mazzetta in mano - e ancora omicidi, sequestri, denunce... e quando non compaiono i boss, capita di imbattersi negli abusivi di professione, che anche al Nord Italia impastano cemento e sfregiano il territorio".

Ma il problema è sempre Napoli, ovviamente.
Perché in tutte le tragedie che hanno colpito l'Italia in questi anni sono state avviate inchieste e spesso accertati abusi, mancati controlli e responsabilità umane a più livelli.
Perché l'Italia è bravissima a unire i cuori per ogni tragedia, dando luogo a catene di solidarietà immense, ma a patto però che non succedano a Napoli, perché lì la spiegazione è sempre un'altra. Perché l'abusivismo edilizio è una piaga trasversale che attraversa tutta l'Italia, da nord a sud. Ed è spesso stata causa o concausa di diverse tragedie, anche se non nello specifico di Ischia.
E senza l'abusivismo edilizio, favorito anche dai ripetuti condoni, anche tragedie avvenute al Nord, come ad esempio le alluvioni in Liguria, avrebbero potuto non mietere vittime.
Ma non ho mai letto, in riferimento ad altre tragedie, di responsabilità ascrivibili alle popolazioni, alle vittime.
Eccezion fatta per Napoli.

SPUTTANAPOLI E I MEDIA
I PESSIMI NAPOLETANI

PIAGNISTEO NAPOLETANO

2 marzo 2017.
Due giorni prima si è giocata la semifinale d'andata di Coppa Italia tra Juventus e Napoli e non sono mancate le polemiche per i torti arbitrali subiti dalla squadra partenopea.
Nulla di nuovo, per carità.
Ed ecco che Libero ci regala un altro titolo straordinario: "*Piagnisteo napoletano*", con l'occhiello che recita: "*Il solito vecchio vizio*". Ma le polemiche arbitrali sono solo un pretesto, perché nel 'catenaccio' ci infilano un po' di tutto, dai napoletani assenteisti che pretendono più assunzioni al fatto che attaccano l'arbitro pure quando hanno torto, passando per le tessere del PD vendute a 10 euro, finanche alla Sicilia (cosa c'entrerà con Napoli non è dato saperlo) dove si pagherebbe l'assistenza anche ai morti.
Il solito mix di pressappochismo e luoghi comuni per cercare di vendere qualche copia in più e far parlare di sé.
Ma l'autore dell'articolo, *Francesco Specchia*, non si risparmia parlando dei partenopei e aggiunge, tra 'pianti ecumenici' e 'lacrime da sceneggiata', che:

"il napoletano medio è ancora 'mariuolo dentro', vittimista strategico. E non ha rispetto di uno Stato che certo - è la solita trama - l'ha storicamente considerato un figlio illegittimo. Ma è inutile estrarre dal cilindro dalla polemiche la trita 'questione meridionale'... io mi chiedo spesso - tralasciando la camorra- perché, dal motorino senza casco alla truffa come strategia fiscale, Napoli tenda a fotterti. Non è tanto una questione storica, o etica, o psicologica, ma semantica. Forse c' entra la cazzimma. Per i templari della napoletanità 'a cazzimma (termine intraducibile) è la furbesca pratica dello stare al mondo, l'esaltazione del maschio alfa nelle procelle di una società spietata. L'essere un po' figl' e n'drocchia. Per il resto del mondo, è la pratica spietata di sfruttare gli altri, anche amici e parenti, per raggiungere il proprio scopo".

In pratica si cerca di dimostrare, con teorie dal retrogusto lombrosiano, che il napoletano è geneticamente modificato. Vittimista strategico con il solo scopo di truffare il prossimo, anche la sua stessa famiglia.
L'aspetto che più sconvolge di queste teorie, che se fossero esclusivo pensiero dei giornalisti di *Libero* lascerebbero il tempo che trovano, è che trovano proseliti in ogni dove, finanche tra i napoletani stessi.

Libero
QUOTIDIANO
Giovedì 2 marzo 2017
DIRETTORE VITTORIO FELTRI

Il solito vecchio vizio

Piagnisteo napoletano

● I partenopei sono assenteisti ma pretendono più assunzioni ● Nel pubblico sono il doppio che al Nord ● Nel calcio se perdono attaccano l'arbitro pure quando hanno torto ● Hanno venduto Higuain e frignano dimenticando di aver comprato Maradona ● E non sorvoliamo sul commercio di sfroso di tessere del Pd e sull'appalto che fa tremare il governo ● In Sicilia pagano l'assistenza anche ai morti ● Non se ne può più

I quali, stanchi di dover convivere con problematiche storiche in una città difficile, non hanno tempo né voglia di approfondire le responsabilità di certi problemi, né sono interessati al fatto che essi siano o meno condivisi con la maggior parte delle metropoli. Andare a fondo nel capire perché, storicamente, si è dipinta Napoli rimarcandone solo gli aspetti negativi, fin da quando si doveva convincere l'opinione pubblica che era cosa buona e giusta annetterla al Regno d'Italia per poi depredarla di ogni bene e lasciarla in balia del disordine, è pratica annosa e percepita come inutile.

Il fatto poi che la narrazione delle criticità partenopee assuma sempre toni enfatici con caratteri di 'esclusività' che non sono reali, non è percepito come un problema rilevante.

Il rinomato 'accade solo a Napoli', quasi sempre non veritiero, è un difetto da molti percepito come 'lieve'.

Perché sapere di condividere un problema non appaga: è un 'mal comune mezzo gaudio' che non sazia nessuno.

E chi ci prova passa per chi tenta di minimizzare il problema, per chi vuole nasconderlo, facendo ancor più male alla sua città.

Qui nasce l'errore.

Le criticità di Napoli se fossero raccontate come inchieste, approfondimenti reali ed equilibrati, potrebbero servire ad accendere un faro su problemi secolari e aprire una via per la risoluzione degli stessi, che è quello che la Napoli perbene chiede da sempre. Perché nessuno ha voglia di nascondere la polvere sotto il tappeto, nessuno si bea delle difficoltà con le quali convive e tutti avremmo voglia di liberarci dalle piaghe che ci portiamo dietro.

Ma questo non avviene; assistiamo inermi ad una narrazione cupa e senza speranza che tende all'isolamento di Napoli, alla teatralizzazione disperata di una realtà non corrispondente al vero. Si racconta una Napoli senza speranza con l'effetto di spegnerne la capacità di riscatto.

E si usa Napoli anche per minimizzare proprio le criticità delle altre città. A cosa avrebbe portato questa narrazione esasperata in termini concreti? Quali mosse sarebbero state messe in campo dai governi per salvare Napoli negli anni? Nulla.

Per l'allora ministro dell'Interno Matteo Salvini bastavano 100 agenti in più. 100 agenti per liberare Napoli dalla camorra, dal malaffare?
Perché Napoli è orrenda quando la si racconta, alimentando la diffidenza dei turisti a venire in città e il sentimento di disistima verso la popolazione partenopea da parte del resto d'Italia, ma quando a queste opere di pseudo denuncia dovrebbero seguire misure correlate ecco che Napoli non sembra più diversa dalle altre metropoli, non sembra più meritare misure speciali, risorse aggiuntive.
Napoli è normale quando bisogna 'fare', per tornare a fare schifo quando la si vuole raccontare. Non è grazie alla narrazione tossica negli anni che il centro storico di Napoli è diventato un grande luogo turistico. Era abbandonato, pur essendo il più antico e vasto d'Europa, con 27 secoli di storia e cultura. L'Unesco lo ha dichiarato patrimonio dell'umanità ed inserito nella lista dei beni da tutelare ed ora accoglie turisti da tutto il mondo tutto l'anno.
Ben vengano quindi le denunce, le misure d'urgenza, gli investimenti sul territorio e tutto quello che può servire a riscattare questa città. Con la volontà però di farla risorgere, non di affondarla. Napoli fa paura, ma non solo per i suoi problemi.
Fa paura per le immense potenzialità nascoste, per la sua vita, per la sua storia, per il suo patrimonio culturale.
E' quello che viene nascosto, minimizzato, dimenticato. Perché una Napoli che si esprima per le sue potenzialità diventerebbe una Napoli Capitale, come già lo è stata.
E' anche questo a far paura.

A NAPOLI SI BRUCIANO DA SOLI

11 luglio 2017: sul Vesuvio divampa un incendio.
I paesi limitrofi vengono evacuati, i focolai sono diversi e si fatica a domare le fiamme. Nel frattempo la stampa racconta: e cosa racconta?
La prima notizia è che per appiccare gli incendi, quasi sicuramente di natura dolosa, siano stati usati dei gatti vivi, appositamente cosparsi di benzina.
Sdegno, disgusto e condanna dilagano più veloci delle fiamme.
I piromani napoletani, sempre che di piromani si dovesse trattare perché non se ne aveva ancora la certezza (ma che importa), riescono ad essere più disgustosi degli altri.
La notizia viaggia sul web più veloce del fuoco che divampa.
Il deputato del Movimento 5 Stelle Paolo Bernini sul suo profilo Facebook mostra l'immagine di un piccolo animale bruciato. Le associazioni animaliste insorgono, le testate giornalistiche rilanciano. E nessuno che si prende la briga di verificare la fondatezza dello scoop. Poi, finalmente, qualcuno si ricorda che la verifica di una notizia è fondamentale per classificare la stessa come tale, e qual è il risultato? Bufala.
Il Garante degli animali di Napoli, Stella Cervasio, dichiara:

"ho fatto le mie verifiche sul fatto che sarebbero stati trovati dei gatti usati come innesco per gli incendi del Vesuvio. Non risulta a nessuno degli inquirenti che stanno svolgendo le indagini una simile atrocità".

Il Generale Sergio Costa dei Carabinieri Forestali e il presidente dell'ente Parco Vesuvio Agostino Casillo, bollano le voci come *"notizie prive di ogni fondamento".*
Ma le smentite non hanno mai la stessa eco delle notizie.

Il meglio però lo riesce ancora una volta a tirare fuori Vittorio Feltri, che sul suo *Libero* titola: "*A Napoli si bruciano da soli*", e più in giù si legge: "*Piromani inceneriscono 100 ettari di bosco per boicottare il nuovo Parco Nazionale del Vesuvio e salvare migliaia di case abusive da abbattere. Il sindaco si straccia le vesti ma non fa nulla per i criminali. Intanto i turisti fuggono*".

Ciliegina sulla torta, l'occhiello: "*Altro che incolpare lo Stato assente*". Mentre le fiamme ancora non sono state domate a *Libero* hanno trovato i piromani, i mandanti ed il movente.
E hanno emesso la sentenza con tanto di morale. Straordinari.
Ora chi glielo spiega che la piaga degli incendi boschivi è trasversale, da nord a sud?
E che gli incendi sono per oltre il 70% dolosi, in tutta Italia?
E che le pene sono pure severe (10-15 anni) ma non applicate, perché nelle carceri italiane ci sono solo 16 persone condannate per incendi boschivi? E che di incendi dolosi, brucia la Toscana, la Lombardia, il Piemonte, la Liguria, il Friuli Venezia Giulia?
Perché di incendi dolosi brucia tutta Italia.
Quello che però qualcuno dovrebbe spiegare a noi è perché, quando si parla di Napoli, in certe redazioni brucia sempre qualcos'altro.

Giovedì 13 luglio 2017
Libero

DIRETTORE VITTORIO FELTRI

Altro che incolpare lo Stato assente
A Napoli si bruciano da soli
Piromani inceneriscono oltre 100 ettari di bosco per boicottare il nuovo Parco Nazionale del Vesuvio e salvare migliaia di case abusive da abbattere. Il sindaco si straccia le vesti ma non fa nulla contro i criminali. Intanto i turisti fuggono

LE PORCATE DI NAPOLI CHE DEVE FALLIRE

11 agosto 2017. *Libero* ci regala un altro servizio, di quelli belli, dal titolo : *"E ora cari italiani, pagate le porcate di Napoli (e Roma)".* Nel catenaccio aggiungono:

"*le Ferrovie dello Stato si addossano i debiti delle aziende di trasporto delle due cittá, li scaricheranno sui viaggiatori*".

Guardate che non è semplice, in due frasi, scrivere così tante castronerie (nel resto dell'articolo poi si superano), ma il quotidiano *Libero* ci ha giá abituati a performances di questo genere.
Si parla dell'ipotesi (per loro certa ma in realtá solo vagamente ventilata) che le Ferrovie dello Stato inglobino *Atac* ed *Anm*, le aziende che gestiscono il trasporto pubblico a Napoli e nella Capitale. "*Siamo il bancomat degli spreconi*" continua il quotidiano.
Il messaggio è semplice, al Sud non sanno fare nulla e sono sempre loro (?) a dover intervenire, sovvenzionare, ecc. Ora basta.
E poco importa se quello dei trasporti pubblici per le aziende che si aggiudicano gli appalti è un business e non uno spreco. Poco importa se FS ha bilanci in attivo (pur se con i drenaggi dello Stato) e ha giá vinto le gare per la gestione dei bus a Parma, Firenze, Padova, Salerno e poi in tutto il Veneto e l'Umbria.
Poco importa se tutto il trasporto pubblico in Toscana è gestito dai francesi.
Poco importa se in Italia ci sono 985 ex municipalizzate a gestire il trasporto pubblico, la maggioranza con i conti in rosso con il 53% delle entrate (al Nord come al Sud) legate ai trasferimenti di Regioni e Governo , mentre in Francia sono 4 e in Gran Bretagna 5. Poco importa anche se i bilanci delle municipalizzate al Nord si sostengono con capitali pubblici altrimenti fallirebbero (quelli però non sono soldi nostri eh?).

No, a Napoli facciamo i disastri e vogliamo far pagare loro (noi? loro? ma non eravamo tutti italiani?).
Ma la soluzione c'è e ce la fornisce uno dei due estensori del mirabile reportage, il vicedirettore *Giuliano Zulin*; l'uovo di colombo, il coniglio dal cilindro:

"Facciamole fallire (le cittá), così risorgeranno".

Diamine, come abbiamo fatto a non pensarci prima? Notti insonni in municipio per far quadrare i conti e la soluzione era lì, a portata di mano. Falliamo, poi risorgiamo; come con la SSC Napoli insomma.
Grazie Zulin e ci scusi per non esserci arrivati prima.
Il vicedirettore omette però di chiarire le procedure che deve assolvere un Comune quando dichiara un dissesto. Poca roba per caritá, ma che è il caso di andare a riassumere.
Come per Alitalia e tante altre aziende fallite del Nord si fa una black company dove si mettono tutti i debiti del comune che però non li paga Pantalone come abbiamo fatto noi con queste aziende. No. Il Comune deve contribuire al risanamento aumentando fino ai limiti di legge tutte le tasse comunali (Imu, Tarsu, ecc.), licenziare larghe fette di personale, vendere il patrimonio pubblico e accollarsi un esoso mutuo in bilancio.
Cavolo, ma così spicchiamo il volo all'istante, come abbiamo fatto a non pensarci? Una ricetta considerata perfetta per Napoli ovviamente, ma non per le centinaia di comuni, al Nord come al Sud, con i conti in rosso. No, è Napoli che deve fallire.
Questo è il linguaggio usato da certa stampa; benzina sul fuoco del sentimento antimeridionale di tanti italiani. Una stampa per anni pagata con i contributi dello Stato anche senza averne diritto come nel caso del giornale in questione.
L'augurio è che quando questi mirabili estensori migreranno verso altri lidi perché magari i loro giornali chiuderanno bottega, non si accasino in redazioni dove vengono erogati contributi statali. Perché anche noi siamo stufi di pagargli lo stipendio.

VITTORIO FELTRI E LIBERO

Che la narrazione viziata e stereotipata di Napoli sia un 'vizio' comune a tutta la stampa, nazionale ed internazionale, è palese, ma il quotidiano Libero (in buona compagnia, come vedremo in seguito) e il suo direttore Vittorio Feltri meritano una menzione speciale.
Allora conosciamoli meglio.
Libero è quel giornale facente capo all'imprenditore e parlamentare del Pdl Antonio Angelucci.
Come parlamentare detiene anche un record invidiabile, quello delle assenze in Parlamento. Nella XVI legislatura il 73,26% e nella XVII il 99,56%; con questo curriculum non poteva Forza Italia evitare di ricandidarlo, ed ora viaggia con il 99,59% di media assenze, riuscendo nel difficile tentativo di migliorarsi.
E' definito il 're delle cliniche' per i suoi investimenti nel settore sanitario con numerose cliniche private. Su di lui pende una richiesta della procura a 15 anni di carcere per aver truffato il servizio sanitario regionale ottenendo la liquidazione di 160 milioni di euro attraverso false diagnosi d'ingresso e certificazioni di prestazioni sanitarie non autorizzate.
La sua società è ben attiva anche nell'editoria e controlla diversi quotidiani, tra cui Libero. Quotidiani che si intascavano illecitamente contributi milionari dallo Stato senza averne diritto e per questo Angelucci fu accusato di falso e truffa aggravata (gli furono sequestrati beni per 20 milioni di euro) e per lui sono stati chiesti 4 anni di carcere. Verrà poi condannato a 1 anno e 4 mesi (anche perché nel frattempo l'accusa di truffa consumata venne dichiarata prescritta). Per questo Angelucci fu condannato a restituire 10 milioni di euro.
Solo che lo Stato italiano ha ben pensato di rateizzare la sanzione in comode rate da 1 milione di euro l'anno per 10 anni; a interessi

zero, insomma. Ma non finisce qui; nel frattempo continua ad erogare contributi statali al giornale. Nel 2016 quasi 4 milioni di euro, nel 2017 oltre 2 milioni.
Gli ha fatto la multa ma gli dà i soldi per pagarla e un lauto contributo vicino. Libero, come svelò *Report* nel novembre scorso, al 2018 ha un patrimonio netto di € 700.000 e debiti per € 21.000.000; senza i contributi statali chiuderebbe domattina, ed il perché ne continui a beneficiare pur essendo acclarato che faccia capo ad un imprenditore, tra l'altro certificato come truffatore dello stato, è mistero da svelare.

Vittorio Feltri è invece un giornalista, di quelli importanti.
La sua passione è il collezionismo, specie di condanne per diffamazione. Ne conquista di tutti i tipi.
Da Direttore de *l'Indipendente* segue con enfasi le gesta di Di Pietro & Co. e bersaglia Craxi. Poi Berlusconi lo contatta per affidargli il posto da Direttore a *Il Giornale* visto che Montanelli non ci sta a fare il pupazzo del Cavaliere. Lui prima nega con forza l'interesse e poi, con grande stile, accetta. E tutto magicamente cambia.
Di Pietro ora non è più un eroe, Craxi non è più un nemico.
Nel frattempo Montanelli passa a *La Voce* e parlando del *Giornale* di Feltri dichiara:

"Le confesso che non lo guardo nemmeno, per non avere dispiaceri. Mi sento come un padre che ha un figlio drogato e preferisco non vedere".

Ma la passione per le collezioni continua.
La battaglia che infatti Feltri ha deciso di intraprendere con il giudice Di Pietro gli vale ben 35 querele. Ma Feltri è uno tosto e non si fa intimorire. Poi una mattina fa di nuovo la giravolta e nega tutto. Scrive una lettera di scuse al magistrato, pubblica un dossier di 2 pagine dove smonta le sue stesse accuse bollandole come bufale, e si dimette. Aveva scherzato, forse.

4 DOMENICA 9 NOVEMBRE 1997 IN PRIMO PIANO Corriere della Sera

LA SFIDA DEL MUGELLO

Uno scambio di lettere sulle pagine de «Il Giornale» fra l'ex magistrato e il giornalista mette fine al lungo dissidio: «Stringiamoci la mano»

A sorpresa è pace tra Di Pietro e Feltri

Berlusconi: sono profondamente colpito e addolorato, nessuno mi aveva informato

LA DIFESA

Il direttore: dovevo farlo, c'erano 35 querele

Paolo Berlusconi

Vittorio Feltri

«Una pietra sul passato ma ognuno resta delle sue opinioni»

SILVIO PAGA IL DEBITO DI UNA PENSIONATA

Parole

Nel 2000, alla guida di Libero, viene radiato dall'Ordine dei Giornalisti della Lombardia per aver pubblicato raccapriccianti foto di bambini vittime dei pedofili, ma la radiazione fu trasformata in semplice censura nel 2003 dall'Ordine nazionale.

Nel 2009 si rende celebre come l'inventore del 'metodo Boffo'.

Per screditare il Direttore dell'*Avvenire* (Dino Boffo), reo di essersi messo contro Berlusconi, pubblica un'informativa di Polizia (falsa) che lo ritraeva come 'noto omosessuale'.

Risultato: sospeso per 6 mesi.

Intanto fa su e giù tra *Libero* e *Il Giornale*, gli unici che se lo contendono. Nel 2016 infine torna a *Libero* dove ci regala titoli come i già citati '*Piagnisteo Napoletano*', '*a Napoli si bruciano da soli*' e tanti altri. Inutile aggiungere che i talk show televisivi fanno a gara per aggiudicarselo come ospite.

E come potrebbe essere altrimenti con un curriculum del genere?

NAPOLI TRA LE PIU' PERICOLOSE DEL PIANETA

Il 19 luglio del 2017 Napoli si sveglia con una consapevolezza in più; siamo tra le 10 città più pericolose al mondo.
A rivelarci la notizia è il *The Sun*, secondo quotidiano in lingua inglese più venduto al mondo.
In compagnia di altri 10 simpaticissimi posti come Caracas in Venezuela, Raqqa in Siria e Mogadiscio in Somalia, c'è la nostra Parthenope.
"La città italiana è famosa in tutto il mondo per i suoi legami con la malavita organizzata" scrive il quotidiano.
E, dopo vari riferimenti alla *'Paranza dei bambini'*, uno dei libri di Saviano, ci consegna il primato di essere la *"città più pericolosa dell'Europa occidentale"*, prima di fornirci una rivelazione per noi partenopei: *"quando vuoi mandare qualcuno all'inferno, in Italia si è soliti dire: va' a Napoli"*.
Ora, sul prestigio del tabloid inglese, basti leggere Wikipedia che lo definisce *"noto per la sua terza pagina che ospita giornalmente*

delle avvenenti ragazze inglesi in topless" e per il suo "*stile sensazionalista mirato a un pubblico di basso livello culturale*".
Mentre sull'autore del sensazionale scoop, il giornalista Guy Birchall, in rete ancora circolano imperdibili inchieste giornalistiche come quello delle foto Instagram di una tipa somigliante ad Angelina Jolie che pubblicava foto in mutande con l'asciugamano in testa o quello della morte di un anziano uomo di 86 anni in una casa di cura, trovato accasciato a terra ma rimesso nel letto dal personale della casa di riposo.
A chi, se non a lui, affidare l'importante reportage.
Prima di lui, però, una classifica simile l'aveva fatta nel 2016 (e ripetuta nel 2017) l' Ong messicana '*Consiglio cittadino per la pubblica sicurezza e la giustizia penale*', confermata anche dalle Nazioni Unite. In quel caso la classifica fu di 50 posti.
E nei primi 50 non era presente una sola città europea né asiatica.
Delle 50 città più pericolose 41 risultavano in Sudamerica, 21 solo in Brasile. Caracas città più pericolosa del mondo, superata poi nel 2017 da Los Cabos in Messico.
Per questo indimenticabile pezzo giornalistico non sono stati usati indicatori di riferimento verificabili, dati certi, ma un celebre criterio conosciuto a Napoli come 'a capocchia'.
Ovvero senza nessun senso, nessun dato statistico e nessuna logica.
Con questo servizio sono evidenti due cose: la prima è che a Londra, dove ha sede il tabloid, i libri di Saviano sono ben distribuiti. La seconda è che Feltri scopre che può fare il Direttore non solo a *Libero* o *Il Giornale,* ma anche al *The Sun* dove la poltrona di manager gli spetterebbe di diritto.
I problemi di Napoli li conosciamo tutti, e non li ignoriamo; nessuno dice che qui è tutto pizza, sole e mandolino, figuriamoci.
Ma le notizie si danno sui dati, non sulle fantasiose idee. E i dati ci dicono altro.
Se l'Italia nel mondo, per tasso di omicidi, è 170° su 192 paesi secondo l'UNODC (agenzia delle Nazioni Unite), e già vien da ridere a paragonare una città italiana con quelle del Sud Africa o dell'Honduras, nella stessa Italia, in una classifica sul numero di

denunce di reato rilevate nel 2016 ogni 100.000 abitanti pubblicata da *il Sole 24 ore* (su dati del Ministero dell'Interno) su 106 città italiane, Napoli si colloca al 23° posto.
E sui specifici reati di omicidio e tentato omicidio, pur se Napoli convive con la secolare piaga della criminalità organizzata che con le loro lotte intestine fanno lievitare questo dato, non è affatto la città italiana che primeggia in questa triste classifica. Ma la troviamo al 7° posto. Questo per riferirci al tempo nel quale è stato scritto l'articolo in questione ma i dati degli anni successivi non varieranno di molto. Il report del 2019, relativo all'anno 2018, colloca Napoli al 17° posto tra le città con più reati (il primato spetta a Milano), al 36° posto per 'omicidi volontari' e al 25° posto per 'tentati omicidi'.
Le piaghe che ci affliggono le conosciamo. I nostri secolari problemi anche. Lottiamo tutti i giorni per una città migliore.
Ma se rivendichiamo le nostre bellezze siamo sempre guardati con supponenza, con distacco, con ironia. O non difendiamo la città o la difendiamo troppo.
"*A Napoli l'orgoglio, appannaggio del dominatore, non è mai considerato legittimo, ma sempre soltanto ridicolo*" scriveva Elena Croce.
Noi preferiamo essere ridicoli. E a Guy Birchall, l'autore del pezzo, non diciamo "Va' a Napoli" (che significherebbe un invito a venire in città, non un andare all'inferno).
No, per Guy, a mio avviso, basta un semplice "vai a quel paese".

"RAZZISMO DEI NAPOLETANI CONTRO IL NORD" IL BIPOLARISMO DI BIZZOZERO

Lo scoop del *The Sun* ridà voce a un piccolo personaggio della politica italiana, l'ex Sindaco di Cantù Claudio Bizzozero.
Rivendica il primato, Bizzozero, perché ci era arrivato prima ad insultare i napoletani; e visto che De Magistris a lui l'aveva querelato e al *The Sun* invece no (il giornale rettificò dopo poco escludendo Napoli da quella surreale classifica) si ritiene quindi vittima di "*razzismo dei napoletani contro noi del Nord*".
Per comprendere quindi meglio questo sospetto caso di bipolarismo bisogna fare un passo indietro.
21 marzo 2017: Matteo Salvini, impegnato a nazionalizzare il suo partito e provare a raccogliere qualche voto al Sud, decide di venire a Napoli e ai microfoni della trasmissione *Quinta Colonna* su Rete 4 dichiara: "Napoli è casa mia".
Pronta la replica di Bizzozero sulla sua pagina Facebook :

"Casa mia invece è Cantù e la Lombardia è la mia terra, mentre Napoli per me resta una fogna infernale dalla quale mi tengo ben lontano...un inferno pieno di sporcizia e rifiuti. Uno schifo indecente. Che un personaggio così insignificante (Salvini) rappresenti Napoli e la fogna italica non mi sorprende. I napoletani fanno benissimo a votarlo: è perfetto per loro".

Alle pronte repliche in modalità social dei napoletani l'ex Sindaco di Cantù aggiunge:

"Napoli s'indigna? la verità fa male... Napoli è una città sporca, inquinata, criminale, mafiosa, corrotta, degradata, clientelare, parassitaria e incivile... però i napoletani non amano sentirselo dire".

I soliti permalosi e piagnoni napoletani che sei privo di chiamarli corrotti, parassiti, incivili e mafiosi che subito, paradossalmente, saltano dalla sedia e se ne risentono. Incomprensibile.
Il delirio social del Bizzozero continua ma mi fermo qui.
Ovviamente i napoletani insorgono e De Magistris sporge querela.
Poi vai a dare un'occhiata alla cronaca locale di questa ridente cittadina lombarda di soli 39.000 abitanti convinto di trovarci un angolo di paradiso amministrato in maniera esemplare e scopri che non si fanno mancare nulla: rapine, estorsioni, spaccio di droga, truffe, evasioni, lavori edili bloccati, come quelli dell'ospedale perché gli appalti vengono concessi con ribassi del 70%, ponti danneggiati perché la manutenzione in città è inesistente da 20 anni e, udite udite, immondizia.

"*Degrado a Cantù, discariche abusive, parchi e strade invasi dai rifiuti, pericoli nei parchi giochi*" si legge su *La Provincia* del 04/10/2016.

Ma il top sono le discariche abusive ritrovate a Cantù.
O meglio, quello che ci hanno trovato dentro: auto, camper, bidoni con liquidi inquinanti e persino un aereo, di quelli da turismo modello Cessna, come riporta *QuiComo* del 13/11/2015.
Roba che se fosse successo a Napoli se ne starebbe ancora parlando. Però visto che si chiama Cantù lasciamo la polvere sotto il tappeto e torniamo a Napoli, la 'fogna infernale'.
I Napoletani sono infuriati, il sindaco partenopeo, come detto, sporge querela e Bizzozero si sente accerchiato.
Voleva 5 minuti di notorietà ma non aveva previsto questa risonanza ed ecco che arretra clamorosamente spiegando le sue parole con la stessa coerenza del marito fedifrago che sorpreso dalla moglie tra le lenzuola esclama: "posso spiegarti tutto, non è come sembra."
E ai microfoni di Radio Kiss Kiss Napoli dice:

"*Napoli è una città splendida. Ho utilizzato Napoli per accendere i riflettori sull'intera Italia che è un Paese fallito... Ho usato un modo sbagliato, provocatorio e me ne scuso".*

Un vero leone, non c'è che dire. Passano i mesi e lui riscivola nell'anonimato, fino al famigerato servizio del *The Sun*.
Ed ecco che il caro Bizzozero insorge, sempre sui social:

"Il razzismo dei napoletani contro noi del Nord. Quando a marzo io dissi più o meno le stesse cose, molti napoletani espressero contro di me insulti razzisti di ogni genere. Il sindaco di Napoli, invece, presentò querela. Evidentemente De Magistris ha cambiato idea nel frattempo, oppure usa metri di giudizio diversi quando si tratta di un povero polentone e quando si tratta invece di un noto giornale dei ricchi turisti inglesi. La realtà di Napoli resta però la stessa anche col passare del tempo ed è evidente per tutti".

La verità è che Bizzozero ha ragione. Le sue parole non meritavano una querela. Sarebbe bastato un semplice, lungo, sonoro pernacchio.

QUICOMO ≡ Sezioni **Cronaca** ACCEDI

Cronaca

Auto, camper e persino un aereo: scoperta a Cantù discarica abusiva

Bidoni con liquidi inquinanti, carcasse di veicoli tra i quali auto, camper e persino un piccolo aereo da turismo modello Cessna. E' davvero lungo l'elenco dei detriti detriti, materiali e rifiuti di vario genere scoperti in una discarica...

CRUCIANI E GLI ALBERI DI NATALE

22 dicembre 2017. A Napoli, alla Galleria Umberto, hanno rubato l'albero di Natale. Lo hanno saputo tutti. E lo hanno saputo perché annunciato da tutte le testate giornalistiche esistenti. E' ormai un appuntamento imperdibile.
Se su *Google* si digitano le parole *'albero di natale rubato'* compare nelle prime pagine solo la notizia del furto avvenuto a Napoli.
E come poteva il buon Giuseppe Cruciani non aprire il suo programma radiofonico *La Zanzara* proprio con questa notizia?
Ovviamente il saggio opinionista puntualizza che questo "*accade solo a Napoli*" e che non accade in nessuna parte d'Italia.

"Diciamo la verità, queste cose accadono solo a Napoli, non è una cosa razzista, ma è la verità. E se non si prende atto della verità, non si va da nessuna parte".

La verità, bisogna prenderne atto. E' proprio vero. Il messaggio è chiaro; dobbiamo finirla di piangerci addosso. Succede solo a Napoli perché siamo un popolo incivile; poi addirittura con una motosega, roba da terzo mondo.
E la colpa non è ovviamente dei 4 vandali ma di tutta la popolazione napoletana. Ma visto che si invitava a prendere atto della verità, rispondo a Cruciani con un post su Facebook raccontandogli la verità di quel "*succede solo a Napoli*".
E non lo rispondo perché Cruciani, noto per il suo atteggiamento provocatorio, sia un interlocutore così meritevole di risposta, ma perché sono cosciente che ha espresso il pensiero intimo di mezza Italia se non tutta.
E gli faccio notare che in quei giorni hanno rubato l'albero di Natale pagato dai commercianti del quartiere a Novi Ligure in Piemonte, un albero di 3 metri a Bologna con tutte le decorazioni,

alberelli segati e rubati in provincia di Brescia e l'albero di Natale del Municipio di Crova in provincia di Vercelli.
Che in provincia di Firenze, a Rignano, hanno lasciato il maxi albero ma l'hanno spogliato di ogni decorazione, che a Pisa ne hanno vandalizzati 2, che a Portogruaro (Venezia) si sono rubati invece le lettere dei bambini attaccate all'albero e a Venezia si sono rubati il presepe di Piazza San Marco.
Per completezza ricordo che l'anno prima a Piazza Provenzano a Siena pure si erano rubati il mega albero di Natale, come a Torino, dove sparirono gli abeti messi dai commercianti di fronte ai propri negozi, stessa sorte degli alberi allestiti dai commercianti nel centro storico a Bergamo, in provincia di Milano, di Verona e in mille altre località. Ovviamente corredando la risposta con link specifici che rimandavano alle notizie pubblicate dai quotidiani locali. E la risposta non tarda ad arrivare, sul suo profilo twitter:

"Nessuno (di quelli che gli segnalo) *era l'albero 'principale' al centro, alcuni erano di condomini, alcuni danneggiati e poi riparati e non con la motosega".*

Un genio. Da oggi quindi tutti a rubare e distruggere alberi, però dal secondo in classifica in poi, non quello principale, se sono in luoghi privati e non pubblici meglio ancora, e strappiamoli in ogni modo, esclusa la motosega. Cominciamo a dire che l'albero in galleria non era l'albero 'principale', come l'opera di Milano di 30 metri con 100.000 luci. Quello non ce l'abbiamo proprio.
Era un albero grande, allestito dai commercianti, come quelli rubati e danneggiati in altri 1000 comuni.
Si trova al centro, ma anche quelli segnalati si trovano in posizioni centrali, e poi come funziona, se rubi l'albero in una traversa è meno vergognoso se lo rubi nella piazza?
E se lo danneggi, lo distruggi, anzichè rubarlo, è cosa così diversa?
E pure la storia della motosega si tratta più di una motosega mentale di Cruciani e di tutta la stampa che ha battuto la notizia che di realtà, perchè nessuno l'ha vista questa motosega.
Semplicemente il taglio netto lasciava chiaramente immaginare

l'utilizzo di una sega o strumento analogo per sradicarli, ma se dici 'motosega' fa più effetto, ti immagini questi tipi in stile Jason Voorhees di *Venerdì 13* pronti a seminare il terrore in città.
Quindi succede solo a Napoli cosa?
Ma ovviamente nel pretendere una narrazione equa si rischia sempre di apparire come chi minimizza o addirittura difende l'illecito, anche se chiaramente non è così.
La maledizione dell'albero in Galleria torna poi puntualmente l'anno successivo. 8 dicembre 2018: a reti unificate viene di nuovo annunciato il prevedibilissimo furto dell'albero.
Il solito atto vandalico come l'anno precedente e quelli ancora prima, visto che l'albero viene di nuovo ritrovato dai carabinieri in via Santa Maria Ognibene, nella zona della cosidetta 'parrocchiella', la mattina dopo.
Ed il solito assist formidabile per i Cruciani di tutta Italia pronti a sottolineare come questo avviene solo a Napoli. E tanti di noi, in coro, a ripeterci che è colpa nostra, che siamo un popolo incivile. Perché siamo convinti, sempre, che 'succede solo a Napoli'.
Perché è così che ce la raccontano. Ma anche quest'anno, prima del furto in Galleria, avevano segato e portato via un bell'albero a Bologna nell'Antica fiera di Santa Lucia.
A Matera invece una signora lo ha rubato di notte dal centro commerciale, mentre a Lecco, dove i commercianti hanno pensato ad un addobbo natalizio originale fatto di ombrelli bianchi appesi per il centro in alternativa alle luminarie, c'è chi ha pensato di rubarli e vandalizzare l'allestimento tirandoli giù.
Invece in provincia di Cremona dei volontari hanno avuto la bella idea di installare cassettine artigianali con piccoli alberelli e addobbi natalizi lungo le vie del paese, ma le cassettine sono state ribaltate e vandalizzate.
E in provincia di Vicenza avevano recuperato un albero sradicato dal vento e lo avevano posizionato nella piazza principale per il Natale. Non si è fatti però in tempo a decorarlo che è stato segato dai soliti ignoti e abbattuto.
Però nessuna di queste notizie, ovviamente, la troverete in giro.
Gli occhi di tutto il mondo sono sempre e solo sull'albero di Na-

tale in Galleria.
Questo cosa significa? Che l'atto è da minimizzare? Che 'mal comune è mezzo gaudio' ? Per niente. Sono due ordini di problema diversi e non mi stancherò mai di ripeterlo.
Difendere la città da pregiudizi e stereotipi, generalizzazioni e luoghi comuni, non significa negarne i problemi, ridimensionarli o non invocare soluzioni. Significa dare e pretendere la giusta rilevanza e obiettività alle notizie.
L'albero lo hanno rubato quattro teppisti e non si può accettare che quel gesto venga accomunato al senso civico di tutto un popolo. Perché da altre parti questo non succede.
Perché se gli occhi di tutta Italia erano sull'albero in Galleria non lo erano quelli della nostra amministrazione che, pur consapevole della ricaduta d'immagine negativa che sistematicamente avviene, è incapace di predisporre un minimo servizio di sorveglianza per il periodo natalizio.
Perché la riflessione da fare è proprio sul perché accade così facilmente. Solo due volte l'albero non ha subito atti vandalici; nel 2010 e nel 2011. Ovvero gli unici due anni nei quali in Galleria Umberto era presente un servizio di sorveglianza della polizia municipale.
L'albero ha un valore simbolico enorme; ma al Comune purtroppo non sembrano accorgersene e permettono ciclicamente che i soliti noti possano farsi gioco del resto della città la quale diventa magicamente, agli occhi del resto d'Italia e anche di molti di noi, non vittima ma colpevole dell'atto vandalico subito.
Perché questa è la narrazione tipica alla quale ci hanno abituati.
Perché questa città brilla di luce propria. Le eccellenze sono lasciate sole; senza guida, assistenza, incentivi. Senza controllo del rispetto delle regole. Ci dicono che è sempre tutto difficile.
Non ci sono soldi; non ci sono vigili. Non c'è mai niente.
Ci tocca guidare tra le buche, vederci cadere gli alberi in testa se c'è vento e osservare, inermi, all'incapacità di fare anche solo una multa a chi decide di sputare sulla nostra città violando le più semplici regole del vivere civile, sicuro di restare impunito.
E, alla fine, sarebbe anche colpa nostra?

SELVAGGIA LUCARELLI E LA SUA PASSIONE PER NAPOLI

Selvaggia Lucarelli è una blogger e una giornalista; ha scritto per *Libero* prima ed ora per *il Fatto Quotidiano*. Pubblica libri ed è spesso ospite in tv. Ma soprattutto ha oltre un milione di persone che la seguono sui social.
Tratta argomenti di vario genere, dalla politica al gossip, ma tra le sue passioni più ardenti ci sono Napoli e i napoletani. Quando se ne presenta l'occasione per parlarne non riesce a trattenersi.
07 gennaio 2015. Muore Pino Daniele.
Quel giorno a Napoli è ricordato oltre che per il grande dolore anche per la straordinaria manifestazione d'affetto che ne seguì. Centomila persone si radunarono in piazza del Plebiscito da sole, spontaneamente. Non c'era un palco, non c'era uno speaker, nessuno organizzò il raduno. Nessuno dettò i tempi per far intonare all'unisono *Napul'è* da tutti i presenti; fu tutto meravigliosamente spontaneo. Una storia da raccontare.
Il pezzo che invece la Lucarelli scrisse per *Libero*, rilanciato poi sul suo profilo Facebook, aveva questo titolo:

"Che brutta sceneggiata napoletana l'addio a Pino Daniele".

Cosa non piacque alla Lucarelli? In primis la querelle su dove si sarebbero dovuti tenere i funerali.
Per capirci meglio, moglie e figli di Pino volevano si tenessero a Roma, i fratelli a Napoli. Nulla di strano in fondo, querelle familiare, succede nelle migliori famiglie. Ma per la Lucarelli fu un "*teatrino trash a dir poco vergognoso*" - perché - "*ognuno ha il diritto sacrosanto di lasciare questo mondo come desidera, di volere un funerale che gli somigli, di scegliere la terra che lo seppellirà, che a volte è quella che ha calpestato durante l'infanzia... a volte è quel-*

la che l'ha adottato, come avverrà nel caso di Pino Daniele... Non bastano le ceneri al Maschio Angioino come promesso, no, esigono (la famiglia) anche i funerali. E con loro nutriti gruppi di fan che si dichiarano delusi ai tg o che creano pagine Facebook dal titolo "Vogliamo il funerale di Pino Daniele a Napoli"... come se il volere di figli, moglie e certamente quello dello stesso Pino Daniele, dovessero piegarsi al capriccio dei fan... Così l'affetto è diventato arroganza, il desiderio legittimo di dare un ultimo saluto al cantante è diventato pretesa di stabilirne le modalità".

Ovviamente lo aveva deciso lei che questa era la volontà del cantante, mica lo aveva lasciato detto lui. E su questa 'supposta' volontà ci costruisce quasi tutto il pezzo.
'Quasi' perché riesce ad andare oltre, decidendo che:

"qualcosa con la sua città doveva essersi rotto. O forse, banalmente, la sua riservatezza soffriva l'esuberanza dei fan partenopei, le dimostrazioni plateali d'affetto, forse cercava un luogo lontano del clamore, un po' di pace. Forse per lui i mille colori di Napoli erano troppi".

Tutte personalissime conclusioni alle quali era giunta grazie alla sua fonte preferita: il nulla.
Quindi abbiamo una città cafona che non rispetta la volontà del defunto di veder celebrato il suo funerale dove aveva deciso, che si perde in inopportuni flash mob perché in tal caso è meglio il "*rispetto della riservatezza*" e dimentica che il rapporto tra Pino Daniele e la città si era rotto.
Trionfo di fantasia. Ma il meglio deve ancora venire:

"Osceno - Quello che è accaduto ieri fuori e dentro la camera ardente è osceno. I familiari sono stati costretti a interrompere le visite perché qualcuno ha pensato bene di fare un selfie con la salma. Del resto, "se gira il video di Mango che muore sul palco, perché non posso postare la foto col morto?" deve aver pensato l'eroe 2.0. Una decisione sacrosanta, quella dei familiari. Le persone fuori hanno

cominciato a protestare rumorosamente, come se quello fosse l'Olimpico, non un luogo di dolore e morte. Come se ad appartenere ai fan fosse l'uomo nel suo privato, non quello pubblico, non le sue canzoni, le emozioni che ha regalato, l'eredità artistica che ha lasciato".

Ovviamente lei quella foto su Facebook non l'ha mai vista, perché non esiste. Non ce n'è mai stata traccia. Che la camera ardente sia poi stata chiusa al pubblico anticipatamente a causa di quel presunto selfie lo decise sempre lei, perché non ci fu nessuna comunicazione in tal senso. E dopo questo pezzo da scuola di giornalismo passano pochi mesi e Selvaggia torna a parlare di Napoli.

3 novembre 2015. Massimo Giletti durante la trasmissione *L' Arena* su RaiUno due giorni prima definisce Napoli "indecorosa", con immondizia in ogni vicolo e aggiunge:

"Voi iniziate a far andare avanti la vostra città, che è indecorosa e in certi punti abbandonata. Se lei esce dalla piazza centrale della stazione uno trova immondizia in tutti i vicoli".

Il conduttore viene spalleggiato da Salvini presente in studio:

"Napoli è nel baratro, c'è spazzatura ovunque, non funziona nulla, dai mezzi pubblici alla delinquenza. Mi scrivono i napoletani in diretta per raccontare queste verità".

Ovviamente sui social tanti napoletani si risentirono. In un contenitore domenicale d'intrattenimento, mentre si parlava d'altro, sputare a zero su Napoli senza una foto, un video, un servizio, non sembra il massimo esercizio della professione giornalistica. Sembra solo la solita storia. E Selvaggia vuole dire la sua.
Ma non sulla presunta notizia, bensì sulla reazione dei napoletani:

"Mi ero persa la polemica Giletti vs Napoli, ma ho recuperato e devo

dire che sono allibita. Giletti aggredito e insultato sui social perchè avrebbe infangato Napoli. Bene. Vorrei capire cosa avrebbe detto Giletti per scatenare le furie partenopee. Dire che la città è sporca, per una parte di Napoli, è lesa maestà. A infangare Napoli è Giletti, mica l'immondizia. Ora, la stessa cosa è capitata più volte a me. Parli di Napoli sollevando questioni sulla città o su qualunque cosa riguardi Napoli e i napoletani e scoppia il putiferio".

I soliti permalosi; se uno storico documentarista come Giletti dice certe cose non bisogna fiatare.
Perché anche a lei era capitato di osservare il risentimento dei Napoletani e questo, secondo lei, *"accade solo a Napoli"*.
E non accusatela di avere pregiudizi sulla città, mi raccomando; pensate, lo dice lei, ha persino un'amica di Avellino. Ah, allora scusa.
La chiosa finale è poi sempre la stessa:

"se volete che le cose cambino dalle vostre parti, i primi a cambiare dovete essere voi. Basta vittimismo, che di cose da risolvere ne avete un bel po'".

Senza entrare nel merito delle dichiarazioni di Giletti se corrispondessero al vero o meno. Senza ipotizzare che a critiche non supportate potrebbe esistere il diritto di risentirsi. No, i napoletani sanno solo insultare ed offendersi:

"Hanno un campanilismo estremo, talvolta accecante, e una presunta superiorità culturale che li porta spesso a difendere l'indifendibile e il criticabile, da Gigi D'Alessio alla monnezza per strada" (in un commento al post).

E certo. Pretendere onestà di giudizio e obiettività, equivale a *"vittimismo"*, *"campanilismo estremo"* ed anche, scopriamo, *"presunta superiorità culturale"*.

E dopo questo mix di pressapochismo e disinformazione da fare

invidia a Salvini, Selvaggia sembra prendersi un po' di pausa con Napoli. Fino a giugno 2017. Fino a Cardiff.
Lì, con il fidanzato juventino che soffre in casa, non riesce a trattenersi e twitta:

"*Qualche coglione napoletano festeggia la sconfitta della Juve*".

Ma se vi viene da pensare a un pregiudizio sui napoletani ricordate sempre che ha un'amica di Avellino, mi raccomando. E probabilmente tanti amici campani che tratta come persone normali. La colpa è chiaramente dei napoletani che sono i soliti permalosi, cos'avrà mai detto?
Calcisticamente parlando dirà la sua anche a maggio 2018 dopo il noto match tra Inter e Juventus deciso dall'arbitro Orsato e che ai partenopei valse probabilmente il tricolore.
L'occasione fu un post di De Magistris; il sindaco si risentì di quell'arbitraggio e Selvaggia si risentì del suo risentimento.
Stile Cruciani, insomma.
E via di sfogo antinapoletano, quindi, prendendo di mira prima De Magistris:

"*i suoi post sono degli autentici, barocchi, deliranti capolavori di retorica mista a propaganda, mista a chiamata alle armi, mista a un buon fumo afghano. Li leggi ed è subito Istituto Luce in salsa partenopea*"

per poi farsi una passeggiata tra i suoi amati luoghi comuni di Napoli, con frasi ironiche del tipo:

"*fa bene a fomentare i tifosi così flemmatici e poco partecipi alle vicende calcistiche della città... - (De Magistris) cerca di rinvigorire l'orgoglio dei napoletani, effettivamente noti nel resto del paese per l'estrema modestia e, soprattutto, la scarsa autostima*".

Ma se qualcuno, a una rapida lettura, dovesse intendere il senso delle ultime frasi riportate con un "*i napoletani sono ebeti inte-*

ressati solo allo sport e indebitamente presuntuosi e orgogliosi" si ricordasse sempre della sua amica di Avellino.
Il sindaco però era già stato nel mirino della giornalista pochi mesi prima, quando fu conferita la cittadinanza onoraria di Napoli a Maradona. Troppo per lei.

"Uno che si è beccato condanne per droga, uno risultato positivo all'antidoping, uno che fu condannato per aver sparato con un fucile ad aria compressa ai giornalisti, uno che menava la compagna, uno amico/frequentatore di boss... un uomo che con la giustizia ha un rapporto a dir poco disinvolto... È evidente che Maradona era il re del dribbling, ma pure il sindaco di Napoli, quando c'è da scavalcare un passato discutibile e precedenti imbarazzanti, col dribbling se la cava benissimo. Che mestizia".

E figuriamoci se ne facevamo buona una.
Forse il Sindaco sarà solo andato su Wikipedia e avrà letto che questo tipo di onorificenza può essere concessa a persona ritenuta legata alla città per il suo impegno o per le sue opere e che si è distinta in uno specifico settore, tra cui lo sport, rendendone più alto il prestigio. Ma sicuramente si sarà sbagliato.
Era solo il più grande di tutti i tempi. Ha solo difeso la città come nessuno. Che dire, speriamo Selvaggia possa scusarci.
E chissà se qualcuno le ha detto che il Comune ha revocato la cittadinanza al generale piemontese Cialdini che venne a massacrarci durante l'Unità d'Italia.
Potrebbe venirci fuori un bell'articolo sui napoletani permalosi, che pretendono di riscrivere la storia con la loro "*presunta superiorità culturale*".

TURISTI DERUBANO NAPOLETANO. LA FIERA DELLO STEREOTIPO

02 giugno 2018.
Una coppia di turisti tedeschi deruba del portafoglio un operaio napoletano sull'aliscafo per Capri; una notizia semplice che però, per certa stampa, ha dello sbalorditivo.
Per il TGCOM sarebbe "*Un fatto di ordinaria amministrazione*" (il furto in se stesso) se non fosse che ad essere derubato è stato un napoletano e non il turista: pezzo vincitore della fiera dello stereotipo. *Il Mattino* invece, lo storico quotidiano napoletano, sulla sua pagina Facebook, commenta la notizia con un: "*il mondo alla rovescia*". Per *Il Giornale* invece la spiegazione è semplice.
I turisti vengono dal profondo Sud della Germania, e quindi sono "*terroni*". E poiché loro (i giornalisti) in quanto italiani hanno "*il dono dell'ironia*", è "*più probabile che il sindaco di Napoli offra loro la cittadinanza onoraria che un settimanale tedesco la copertina*".
Nel tentare di dire che la Germania non dà risalto alle notizie che la mettono in cattiva luce riescono comunque a tentare di fare ironia su Napoli e i napoletani. 'Tentare', perché a *Il Giornale* l'ironia riesce quanto alla Juve vincere le finali.
Ora è evidente che l'operaio napoletano ha le sue colpe, perché se sei napoletano non puoi farti fregare il portafoglio altrimenti sei fesso, e soprattutto se te ne accorgi devi fingere accento milanese, così il mondo appare diritto e non 'alla rovescia'.
Ed è ovvio che si sarà fatto distrarre anche dalla pizza tra i denti e dal mandolino in mano. Sui turisti invece sarà necessario indagare, perché avranno di certo origine napoletane, altrimenti appare inspiegabile.
Poi qualcuno dovrà spiegare a queste firme eccellenti del giornalismo tricolore che i turisti non sono tutti santi. E i ladri non sono tutti napoletani. Come gli innumerevoli turisti che si frega-

no quotidianamente le pregiate tazzine di caffè del Gambrinus. Ad agosto del 2016 il titolare dello storico locale, Arturo Sergio, racconta di aver sorpreso due turisti del Veneto intenti a trafugarle e di essersi beccato, per tutta risposta, l'invito ad essere orgogliosi se dal Nord ci vengono a derubare.
Massimiliano Rosati, anche lui gestore del Gambrinus racconta:

"Ogni anno ci vengono rubate intorno alle 1000 tazzine da turisti prevalentemente del nord Italia. Quando li cogliamo in fallo mostrano sempre arroganza. Per queste persone la nostra terra resta solo un luogo di saccheggio. Siamo noi mortificati per loro".

Il 9 maggio del 2017 furono invece immortalati in un video poi circolato sui social e ripreso anche da *Il Mattino*, due turisti russi impegnati nel rubarsi le pregiate tazzine.
Ci sono poi quelli che denunciavano finte rapine di Rolex a Napoli per truffare compagnie assicurative, come i due turisti inglesi sorpresi dai Carabinieri a Gragnano che grazie ai filmati dei sistemi di videosorveglianza hanno appurato che la rapina era inventata, come riporta *Repubblica Napoli* il 10/10/2014.
Il Mattino invece il 25/06/2015 lancia l'allarme della "*truffa dei Rolex a Napoli*" da parte dei "*turisti furbetti*". Sono le stesse compagnie assicurative internazionali a spiegare come funziona la truffa: prima di partire assicurano i gioielli, orologi inclusi, poi passano per Napoli e fingono di essere stati rapinati; "*con la copia della denuncia presentata in Italia, il truffatore estero si rivolge alla sua compagnia di assicurazione e ottiene il rimborso*".
Per non parlare di tutti i turisti che ci hanno svuotato Pompei dei suoi reperti pregiati. La Polizia ha beccato francesi, tedeschi, olandesi e chi più ne ha più ne metta a trafugare reperti storici nell'intento di portarsi a casa un souvenir.
Ma fortunatamente la superstizione non abita solo a Napoli e con la leggenda che questi oggetti, se rubati, portano sfortuna, a frotte ne ritornano indietro; restituiti da turisti pentiti che anche dopo decenni si sono convinti che le loro sventure sono state causate dagli oggetti 'maledetti'. Tutto il mondo è paese.

BRAMBILLA E I BIGLIETTI SUL BUS: I NAPOLETANI ANTROPOLOGICAMENTE DIVERSI

19 settembre 2018.
Alle telecamere di *Agorà* su Rai3 Gianluca Brambilla, imprenditore brianzolo, affronta con decisione il problema di chi non fa il biglietto sui mezzi pubblici:

"Bisogna raccontare le differenze di questo paese. A Napoli il biglietto non va fatto pagare, mai. E a Milano dovrà costare due euro, e avremo un certo tipo di metropolitana, ultramoderna. A Napoli dovranno accontentarsi, magari migliorerà il traffico, la gente non si ammazzerà più perché va in giro in tre in motorino. Avranno mezzi pubblici fatiscenti però eliminate i tornelli, eliminate gli investimenti, i conduttori, i bigliettai. Eliminate i servizi superflui, riducete i costi al minimo e lasciateli salire gratis. Perché antropologicamente il napoletano vuole salire gratis".

Sprazzi di indignazione dallo studio da parte della conduttrice Serena Bortone e degli ospiti presenti (tra i quali Umberto De Gregorio, il Presidente dell'EAV, responsabile dei trasporti in Campania) e poi si va avanti.
E guai a risentirsi, mi raccomando, altrimenti si è piagnoni e vittimisti. In fondo non ha ragione? Noi i biglietti non li facciamo, loro sì e quindi meritano servizi più efficienti.
Noi, 'antropologicamente' diversi, dobbiamo tornare alle carrozze con i cavalli e gli asini. E' dai tempi di Lombroso che ce lo spiegano e non vogliamo farcene una ragione.
Sul web intanto la notizia vola e fioccano le reazioni. C'è chi invoca l'intervento della Commissione di Vigilanza Rai e chi annuncia querele. Poi tutto, come sempre, finisce 'a tarallucci e vino'.

De Gregorio invita Brambilla a Napoli: "*Voglio dimostrargli che Napoli è una capitale civile ma anche una città del dialogo e della tolleranza. Spero che si ricreda e cambi le sue opinioni che restano razziste*". Brambilla apre la busta e accetta l'invito.
E la pace viene sancita tra passeggiate nei vicoli, sfogliatelle, mandolini, pizze e selfie. Una tristezza infinita.
Perché se in diretta televisiva nazionale si dice che a Napoli c'è il fenomeno dei 'portoghesi' (ed è vero, è incontestabile, non servono passeggiate che possano smentire la notizia) quando passa il teorema che la piaga è esclusivamente partenopea, addirittura per differenze antropologiche, bisogna ribattere solo con la verità, non con pizze fritte. E la verità è che il malcostume non è napoletano, ma italiano, e riguarda le persone incivili, non i napoletani. Perchè i milanesi che saltano i tornelli non hanno nulla di 'antropologicamente diverso' dai pari napoletani, sono uniti dallo stesso concetto d'inciviltà. Come le persone perbene che non si sognerebbero mai, per cultura, di viaggiare a sbafo, che esistono a Milano come a Napoli.
E se qualcuno senza dati oppone una percezione di percentuali, convinto che a Napoli sia 'molto peggio', bisogna ribattere con l'informazione la quale ci dice che a Milano stanno facendo i tornelli alti 1 metro e 80 per scongiurare quella che è ormai una disciplina cittadina *(Corriere della Sera - Milano - 22 settembre 2018)* con addirittura le scritte sui muri della metro "*non pagare, salta il tornello*" *(Repubblica - Milano - 23 settembre 2018).*

La strategia

di **Sara Bettoni**

Porte anti-evasori in metrò «Stop al salto del tornello»

Varchi alti 1,80 metri. Il via da Duomo, Cadorna e Porta Genova

È un attimo. Un'occhiata al controllore per cogliere l'istante in cui si volta. Le mani a fare da perno, il salto della sbarra e via verso la banchina del metrò. Una tecnica usata da tanti, troppi per viaggiare senza pagare il biglietto. A fermare questo vizio arrivano le porte anti evasori. Stop ai furbetti abituati a saltare le barriere e usare i mezzi pubblici «a

«verde» e «rossa» e con quasi tutte quelle della «gialla», scelta perché ha le vie d'ingresso più datate. Qui i dispositivi sono stati installati negli anni Novanta e da allora non sono stati ammodernati. La spesa per le prime tre stazioni è prevista in 2,1 milioni di euro che arriveranno direttamente dalle casse di Atm, grazie all'autofinanziamento. Ma il progetto ha un orizzonte più

Ci sono i video che lo raccontano come quelli di Striscia la Notizia mandati in onda il 15/11/2017 e non solo. E ci sono i dati, inconfutabili, che parlano di 70.000 multe in tre mesi ai 'furbetti' portoghesi a Milano:

"Ventiduemila multe a gennaio, altre 22 mila a febbraio, 26 mila a marzo. In tutto, fanno 70 mila contravvenzioni nel primo trimestre del 2018: 12 mila in più rispetto allo stesso periodo dell'anno scorso. Quasi 800 al giorno. È il risultato delle nuove politiche di controllo dell'Atm per contrastare l'abitudine di viaggiare sui mezzi pubblici senza biglietto, soprattutto su bus e tram" (Corriere della Sera - Milano - 22 aprile 2018)

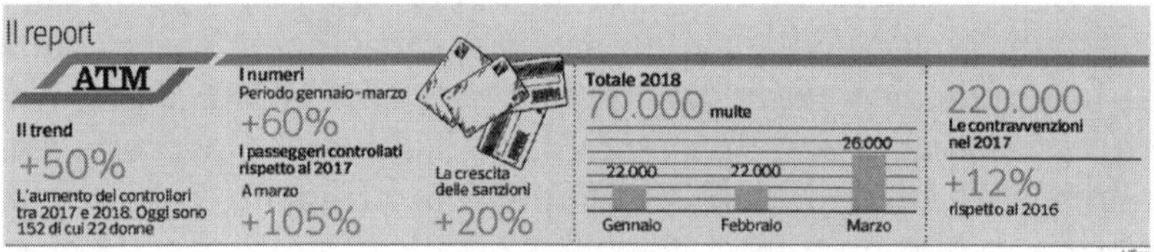

Report Corriere della Sera - 22 aprile 2018

Con linee che hanno il 25% di evasione abituale: *"Milano, Atm: picco di evasori. Il buco nero della linea 90/91: non paga sull'autobus un passeggero su 4". (Corriere della Sera - Milano - 22 aprile 2018)*

L' *Asstra*, l'associazione che riunisce il migliaio di aziende del trasporto pubblico e privato, ha effettuato un'indagine sulle principali città scoprendo che la situazione è preoccupante ovunque.

Le percentuali di evasione oscillano di poco; nulla che possa far pensare a un fenomeno riconducibile a mentalità e stile di vita locale. Semplice e pura inciviltà. Al Nord come al Sud.

I dati diventano però diversi se si vanno a vedere i controlli, da noi sempre più pochi. Ecco, di questo si potrebbe parlare.

Del perchè a Napoli è così difficile dare il senso dello Stato, del rispetto delle regole. E' risaputo che controlli più blandi, su tutto, portano in automatico a veder lievitare le percentuali dei reati.

Una mancanza che penalizza solo la parte civile e onesta di una comunità. Ed una responsabilità che è esclusiva delle ammini-

strazioni che ci governano.
Ma sarebbe un dibattito costruttivo, propositivo. E in tv, chi se lo guarderebbe? Un passaggio obbligato andrebbe poi fatto sullo spessore dell'interlocutore, di chi ha lanciato l'invettiva.
Già, perché chi è questo Brambilla? Lui è una star del piccolo schermo, conteso da anni da tutte le trasmissioni. Lo chiamano l'imprenditore che 'dice le cose come stanno'.
Da anni dice le cose come stanno. E nel frattempo dice le cose come stanno, la Procura di Monza gli chiede 'i soldi dove stanno'. Oltre mezzo milione di euro secondo l'accusa indebitamente percepiti grazie a fatture false e consulenze inesistenti. L'indagine sembra sia stata poi archiviata. Ma le macchinazioni sono all'ordine del giorno e non bisogna farsi intimidire; da noi servono uomini con gli attributi che hanno il coraggio di dire le 'cose come stanno', mentre in Italia tutti fanno finta di non vedere, giocano 'a fare l'indiano' come si suol dire. A onor del vero anche Brambilla fa l'indiano visto che il rampante imprenditore brianzolo la sua società se l'è fatta in India con 75 dipendenti indiani e solo 5 in Italia più le società alle quali si appoggia in Albania. Un vero purosangue tricolore. Ma sono dettagli.
Il curriculum è di così alto spessore da meritare ospitate nei migliori salotti televisivi e adesso che è diventato pure antropologo, figuriamoci. Quindi risparmiateci titoli in stile "piagnisteo napoletano"; concordiamo con la vostra tesi. I napoletani sono antropologicamente diversi dai Brambilla. E meno male.

IL MATTINO.it

«Napoletani, vi amo ma non cambio idea: per me siete diversi»

SPUTTANAPOLI E I MEDIA
GIORNALISMO FANTASIA

IL CONCORSO TRUCCATO

24 febbraio 2016.
Il *Corriere del Mezzogiorno* lancia lo scoop: a Napoli, durante il concorso per diventare avvocato tenutosi alla Mostra d'Oltremare, su 6000 candidati il 20% avrebbe copiato. Parliamo di circa 1200 persone.
Il quotidiano fa riferimento a una sua "fonte qualificata" all'interno della corte d'Appello di Milano, dove si correggono gli elaborati.
"Copiatura furibonda", scrive il cronista. Tutto grazie a un sito web, *mininterno.net*, che avrebbe svelato anticipatamente le risposte ai quesiti. E grazie agli smartphone di ultima generazione, gli aspiranti avvocati si sarebbero collegati in rete copiando le prove.
Ovviamente non era permesso introdurre telefonini ma la 'fonte qualificata' ipotizza chiaramente che a Napoli ci siano stati buchi nei controlli. Lui, racconta, quando era in commissione d'esame a Milano, controllava finanche gli zaini, ma a Napoli si vede che non sono stati così scrupolosi; "*simm'e Napule paisà*", commenta l'estensore dell'articolo.

Ministero dell'Interno avvisato, Procura allertata e tutti pronti per l'eventuale annullamento del concorso o comunque per il maxi invalidamento di prove.

La notizia, ovviamente, rimbalza di testata in testata e i commenti si sprecano; si va dai '*furbetti napoletani*' al '*succede solo a Napoli*'.

Nulla di nuovo, per carità; in fondo ci siamo abituati a questo tipo di narrazione ogni qualvolta succede qualcosa da queste parti.

Ma la parte più bella è che spesso nemmeno succede qualcosa ma lo si inventa di sana pianta. Perché poi, passata la bufera, le correzioni delle prove sono andate avanti e il presidente della commissione di esame Luigi Vingiani tiene una conferenza per chiarire il polverone levatosi.

Innanzitutto i partecipanti alla prova sono stati 4556 e non 6000; fin qui, nulla di grave. E dei 1200 elaborati annullati? Del 20% di prove scopiazzate dal web? I dati aggiornati proprio al momento della strombazzata notizia parlano del 3,33% di esami non ammessi (in linea con gli anni precedenti) e di 24 prove annullate su 721. Ah, delle 24 prove annullate, per motivi vari, è interessante anche il dato di quelle copiate dal sito incriminato. Una.

LA RAPINA INVENTATA

Eduardo De Filippo, nella nota commedia *Napoli Milionaria*, parlando al figlio della necessità di difendere con il buon esempio la dignità del popolo napoletano da una narrazione viziata, disse:

"Quando succede un furto di abilità, di astuzia, in un altro paese del mondo, anche se è inventato, è una barzelletta per far ridere, si dice che è vero e che si è fatto a Napoli... "

Sembra un'esagerazione, ma è proprio così? Vediamo.
8 dicembre 2017. I quotidiani battono la notizia che il texano Bruce Sterling, noto scrittore di fantascienza che si trova a Napoli per un convegno alla *Apple Academy* di San Giovanni a Teduccio, è stato rapinato. E lo annunciano con titoli come :

"Sterling rapinato, Napoli tra immondizia e gang, come nel mio Texas" (la Repubblica)

"Sterling rapinato a Napoli, qui bisognerebbe girare armati?" (Libero)

"Lo scrittore Sterling rapinato, bellezza annegata dal degrado, Napoli sarà sempre Gomorra" (Il Mattino)

"Bruce Sterling rapinato a Napoli, qui meglio girare con la pistola" (Corriere del Mezzogiorno)

La storia che viene raccontata è inquietante: un uomo armato di pistola avvicina Bruce e la moglie a Piazza Garibaldi; soldi, carte di credito e passaporti rubati. Panico per la coppia. Rabbia per lo scrittore che si sfoga con dichiarazioni tipo: "*Qui meglio girare con*

la pistola" – *"Di Napoli conosco il passato e l'immondizia".*
Bruce è un fiume in piena e non salva nessuno, nemmeno il pizzaiolo di Pompei che gli prepara una pizza ("*cattivo venditore*") quando, con coraggio dopo lo shock, raggiunge comunque gli scavi di Pompei, tappa del suo programma.
E giù lodi per Roberto Saviano, che con Gomorra *"racconta benissimo le dinamiche delle gang napoletane".* Qualcuno opporrà che il paragone con Gomorra non è pertinente, in quanto quest'ultima è solo una fiction. Ma in realtà anche questa storia è una bella fiction, con molta più fantasia di Gomorra.
Perché, semplicemente, Bruce Sterling non ha ricevuto nessuna rapina. A subire uno "scippo minore" è stata la moglie, derubata del portafoglio senza nemmeno accorgersene. E le dichiarazioni di Sterling non sono state fatte a seguito della rapina (quella sì una storia di fantascienza), ma in altro contesto e "tradotte male", come scrive la stessa Jasmina Tesanovic, moglie di Bruce, sul suo profilo Facebook. La consorte infatti ci va giù duro:

"TUTTE BALLE! Bruce non ha mai detto questo perchè poi non è successo a lui ma a me... cioè uno scippo minore... e Napoli non c'entra, tutta Italia è così! Con i giornalisti che non capiscono l'inglese ma si nutrono di scandali e di celebrità!... Io ragazzi sono stata derubata di brutto, ma proprio di brutto, con le carte abusate in giro di mezz'ora, con la famosa forchetta digitale... tutti i documenti, chiavi...ecc. e sapete dove? TORINO!"

Oddio, a Torino. E adesso chi glielo spiega ai nostri cari amici di *Libero* che intanto scrivono:

"Alè. Poi si indignano se si parla male della loro città. Ma Napoli è Napoli, c'è poco da fare. Una città che resta pericolosa, soprattutto per turisti e visitatori" - per poi attribuire allo scrittore queste parole - *"in Texas giro con la pistola, ma qui in Italia non mi è permesso. Penso però che qui a Napoli mi sentirei davvero a mio agio girando armato".*

Peccato che la moglie abbia dichiarato: "*Bruce non ha mai detto questo*" e il sito *fantascienza.com*, che ha contattato i diretti interessati, scrive:

"*I giornalisti, che hanno colto l'occasione evidentemente di rinfrescare la narrativa di Napoli città da far west, hanno intervistato Sterling, capendo poco di inglese, e hanno messo su l'articolo come piaceva a loro*".

In un paese normale l'ordine di categoria sarebbe insorto sanzionando i giornalisti, e i quotidiani incriminati si sarebbero scusati con i lettori. Da noi cosa è successo? Niente.
Gli articoli sono sempre lì, online, nessuna scusa e nessuna rettifica, se non molto parziale.
Ma di buono c'è che Sterling adesso ha le idee più chiare su dove prendere spunto per i suoi prossimi romanzi di fantascienza.

Lo scrittore Sterling rapinato: «Bellezza annegata dal degrado Napoli sarà sempre Gomorra»

IL MATTINO

Lo scrittore Sterling rapinato: "Napoli tra immondizia e gang, come nel mio Texas"

L'autore di fantascienza derubato vicino a piazza Garibaldi: "Sono abituato a città così ma negli Stati Uniti posso portare con me una pistola per difendermi, qui non è permesso"

la Repubblica.it

DISAVVENTURA

Lo scrittore Bruce Sterling rapinato a Napoli: "Qui bisognerebbe girare armati?"

8 DICEMBRE, 2017

Libero Quotidiano.it

CORRIERE DELLA SERA

CORRIERE DEL MEZZOGIORNO

LA DISAVVENTURA DEL PADRE DEL CYBERPUNK

Bruce Sterling rapinato a Napoli: «Qui meglio girare con la pistola»

Lo scrittore era con la moglie quando è stato avvicinato da un uomo armato. Da qualche giorno in città per una lezione all'Università: «Di questa parte d'Italia conosco il passato e l'immondizia».

GLI SCOOP DEL CORRIERE.IT

Corriere della Sera online, 31 dicembre 2017.
La notizia di fine anno è un video 'mozzafiato', che giunge, ovviamente, da Napoli. Si tratta di un inseguimento dei carabinieri ad un auto troppo veloce: 6 minuti e 30 di sgommate per i vicoli di Napoli, poi l'auto finisce in un vicolo cieco e non si sa cosa accade. Niente di eclatante, ma sull'onda post-Gomorra certi video fanno sempre un certo effetto.
Resterebbe da capire dove sia la notizia visto che in fondo si tratta di un semplice inseguimento. Diciamo la verità, sembra un film già visto. E chi ha avuto questa impressione, non si è sbagliato. Perché lo scoop del 31 dicembre 2017, su Youtube era presente già dal 9 dicembre 2016. Ora o i giornalisti del Corriere usano Internet Explorer per caricare i video sul sito o anche questa è la solita notizia 'sputtanapoli'. Che tra l'altro non è nemmeno avvenuta a Napoli ma a Torre del Greco. Tra l'altro lo stesso video dei Carabinieri porta in basso la data che però, sul sito del Corriere, guarda caso, risulta poco leggibile. Come certi articoli.

CORRIERE TV / CRONACA

Auto troppo veloce e scatta l'inseguimento a Napoli: i carabinieri portano il fuggiasco a commettere un errore

31 DICEMBRE 2017 LINK | //video.corriere.it/auto-troppo-veloce-scatta-l-ir EMBED EMAIL

L'auto tallonata per le vie del centro storico | *Corriere TV*

Le immagini di un inseguimento mozzafiato tra le strette vie del centro storico di Napoli: una pattuglia del Radiomobile ingaggia una utilitaria che correva troppo veloce. Minuti con il fiato in sospeso per i carabinieri a bordo che prima si lamentano «Stiamo girando in tondo» poi portano il fuggitivo a commettere un errore e imboccare un vicolo senza uscita

TG3 LAZIO: IL CARNEVALE INVENTATO

Rai - TGR Lazio, 11 febbraio 2018.
A Formello, in provincia di Roma, si tiene la consueta festa di carnevale tra le vie del paese; una sfilata di carri con premi.
E il TG3 del Lazio non poteva farsi sfuggire la notizia, che lancia così:

"Formello in festa per la sfilata dei carri di carnevale, i premi sono andati tutti ai carri partecipanti. Il primo posto se lo è aggiudicato il Vesuvio che ha preso come spunto l'emergenza rifiuti a Napoli".

Che fantasia; un carro d'immondizia per celebrare Napoli.
Cosa c'è di strano, oltre al cattivo gusto? Semplicemente che a Formello questo carro non esisteva.
La redazione Rai non si era preoccupata di verificare la notizia, di dare un'occhiata alle foto pubblicate sui social, di contattare qualche associazione presente, come invece a me era venuto in mente di fare e che mi diede appunto contezza del fatto che di quel carro non v'era traccia. A ruota il Comune di Formello e le associazioni presenti si affrettarono a smentire.
Restava da capire cosa aveva tratto in inganno i cronisti della Rai; e lo scopro scavando in rete dove esce fuori un vecchio comunicato stampa del 2008, palesemente usato come fonte dalla redazione.
La notizia era quindi vecchia di 10 anni e spacciata per attuale.
Per la smentita invece sono passati solo pochi giorni; il Tg Regionale del Lazio ha infatti pensato di rettificare la notizia scusandosi.
Con chi? Con gli abitanti di Formello, ovviamente.
Chiedere scusa ai napoletani sarebbe stato davvero troppo.

SPUTTANAPOLI E I MEDIA
SEMBRA NAPOLI

La parola Napoli, per certa stampa, deve essere magica. Farà vendere più copie, farà più audience, fatto sta che viene utilizzata come metro di paragone e come riferimento sempre, anche quando, spesso, non ce n'è alcun motivo. Ed ovviamente sempre con accezione negativa. Un'abitudine che si estende oltre i confini dell'informazione.

"MICA SIAMO NAPOLI". NO, SIETE PEGGIO

21 dicembre 2017.
A pochi chilometri dalla ridente cittadina di Cantù, della quale abbiamo parlato prima, c'è un paesino di 38.000 anime, in Brianza; si chiama Cesano Maderno, in provincia di Monza.
E nonostante ci narrino sempre che la vita è dura solo a Napoli e al Sud in generale, sembra che non la pensino però tutti così, visto che un gruppo di consiglieri comunali del paesino ha presentato una mozione in Comune sul tema sicurezza, ritenendo il piccolo comune brianzolo allo sbando per spaccio di droga, molestie e vandalismi. Ma il sindaco della ridente cittadina, tale Maurilio Longhin, cerca di sminuire:

"I problemi ci sono, ma da qui a dipingerci come ***Napoli*** *mi sembra eccessivo".*

E come non comprenderlo? Non si può dipingere il loro Comune come la peggio Napoli.
La gente non lo sa che raccolgono turisti da tutto il settentrione? Che ogni giorno migliaia di abitanti di tutta la regione e anche oltre scendono alla fermata della stazione di Cesano Maderno? Purtroppo però non lo fanno per ammirare le chiese e i musei, ma per andare nel bosco delle Groane che è fra le più grandi piazze di spaccio di tutto il Nord Italia da 30 anni, con spacciatori armati di machete e check-point lungo i sentieri. Ma questi in fondo sono dettagli; il turismo è turismo e tanti sono i luoghi visitare.
Dopo il bosco delle Groane, a due passi dal comune brianzolo, è possibile visitare anche la famosa 'cava della 'ndrangheta': 30mila metri quadrati di sabbia sotto i quali giacciono 160mila metri cubi di rifiuti di vario genere, anche pericolosi.
E di questo bisogna ringraziare anche le amministrazioni locali

della Brianza, mica quelle di Napoli. Quelle degli assessori arrestati per mafia e dei comuni limitrofi (Seregno) commissariati per 'ndrangheta con i loro sindaci arrestati.

Pertanto onore al merito. Cesaro Maderno, non è Napoli. Assolutamente. E meno male, verrebbe da aggiungere.

CORRIERE DELLA SERA

CORRIERE DEL MEZZOGIORNO / CRONACA

IL CASO

Criminalità a Cesano Maderno, il sindaco: «Mica siamo la peggio Napoli»

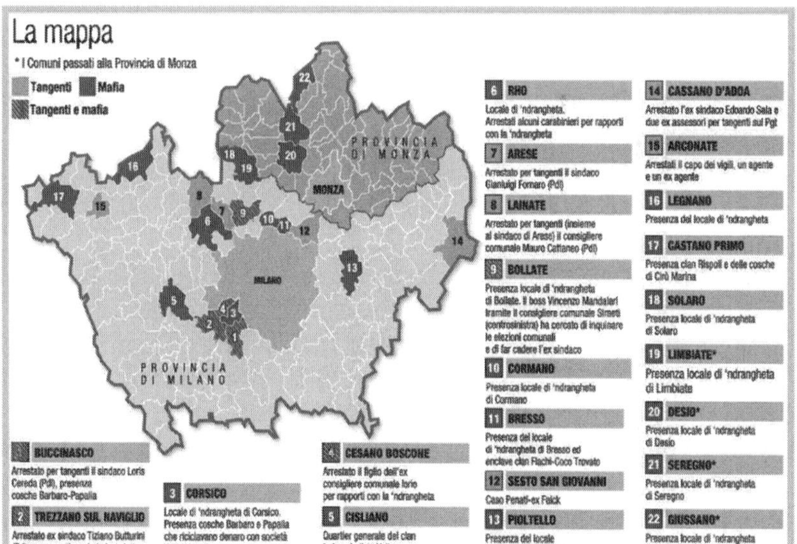

Corriere della Sera - Martedì 18 ottobre 2011

DA NEW YORK A NAPOLI

Tg1: 28 dicembre 2017.
Si parla di New York non più violenta, partendo dal dato che nel 1990 ci furono 2245 omicidi e che nel 2017, a quel giorno, ce n'erano stati solo 286. Un decimo.
E per far capire che oasi di felicità sia diventata la grande mela era indispensabile un paragone. Con chi? Con Napoli ovviamente. L'anno prima, dice il servizio a cura di Oliviero Bergamini, a Napoli erano stati commessi 77 omicidi, ma visto che New York è otto volte più popolosa, la conclusione del ragionamento è che Napoli è "*quasi due volte più violenta*".
E stavamo parlando di New York, eh...
Ma dopo essere stati inseriti nella fantasiosa classifica del Sun tra le 10 città più pericolose al mondo non è che ci stupiamo più di tanto. Solo che se il tasso di omicidi decidi di dividerlo per la densità della popolazione, allora devi rifarti ai dati del Ministero dell'Interno citati prima: quelli che, come già detto, nella triste classifica degli omicidi e tentati omicidi ogni 100.000 abitanti, vedeva Napoli al 7° posto (al 2017), posizione che scenderà nel 2019 (dati 2018) al 36° posto per 'omicidi volontari' e al 25° posto per 'tentati omicidi'.
E volendo continuare ad esaminare tutte le categorie di reati, dagli scippi alle rapine, dalle frodi informatiche alle estorsioni, se ne ricava una classifica generale, citata prima quando parlavo dell'articolo del The Sun, che ci suggerisce l'indice della pericolosità di una città.
E per arrivare a Napoli, alla data del servizio messo in onda, bisognava scendere al 23° posto; comandavano la classifica Milano, Rimini, Bologna e Torino. Non è cambiato molto con gli ultimi dati relativi all'anno 2018, dove Napoli si piazza al 17° posto e Milano, Rimini e Firenze sono sul podio. Sì, è vero,

a Napoli magari molti reati non vengono denunciati (una tesi ricorrente pur se mal supportata da prove) e che Napoli non sia il regno incantato delle favole lo sapevamo già. E nessuna classifica può consolarci, perché la strada è lunga e c'è tanto da fare; tante sono le cose da risolvere. Tra l'altro per 'scippi' e 'rapine' purtroppo Napoli primeggia ancora in classifica. Ma il punto non è voler dipingere Napoli come un paradiso terrestre: non lo è affatto, giusto per chiarire.
Il fatto è che questa narrazione giornalistica costantemente denigratoria e fuorviante non è un'opera di denuncia, che in tal caso sarebbe lodevole, ma solo un 'placebo' dall'effetto consolatorio per chi condivide piaghe analoghe ma può rallegrarsi del fatto che c'è chi sta peggio. Anzi, c'è chi 'è' peggio.
Perchè nella pseudo denuncia c'è anche la morale e la soluzione: Napoli non è vittima del malcostume o della delinquenza; Napoli è il malcostume e la delinquenza. Quindi non subisce il male, lo crea; pertanto non merita aiuti, assistenza, interventi. Un messaggio ripetuto così ciclicamente da essersi insinuato in gran parte di noi, che anzichè ritenersi vittime si ritengono colpevoli.
E ingrossano le file del partito del 'facciamo schifo', sempre più numeroso.

BABY GANG: "TORINO NON E' NAPOLI"

17 gennaio 2018. La necessità di affrancarsi da Napoli è un'esigenza diffusa in tutto il paese, anche se non ce n'è motivo.
Stavolta è toccato al procuratore capo della procura di minori di Torino, Anna Maria Baldelli, sottolineare il necessario distinguo. Sollecitata sull'emergenza baby gang che qualcuno stava cominciando a notare non essere un fenomeno solo napoletano (e nemmeno andava detto tanto era palese) reagisce così:

"Non ci sono le baby gang (a Torino), ci sono solo ragazzi che commettono reati in gruppo".

Stupefacente. Come dire che io non sono io, ma sono il figlio di mio padre. Per poi aggiungere:

"I fatti accaduti nei giorni scorsi nel capoluogo piemontese non vanno troppo drammatizzati... Torino non è Napoli".

Ora, il tentativo di minimizzare il problema potrebbe anche riuscire, ma va spiegato anche al 24enne massacrato da un gruppo di ragazzini (italiani) la settimana prima a Collegno, salvatosi solo perché lo credevano morto *(La Stampa - Torino 18/01/2018).*
Oppure ai 4 giovani torinesi derubati di tutto da un branco di ragazzini in piazzale Valdo Fusi *(ANSA - Torino 15/01/2018).*
O alla donna presa a botte nel centro commerciale per aver educatamente invitato a non bestemmiare un gruppo di studenti 15enni. *(La Stampa - Torino 15/01/2018)*
E questo per rimanere ai fatti di cronaca avvenuti negli stessi giorni.
Tornando indietro invece di qualche mese leggiamo:

"La piscina 'Lombardia' ostaggio della baby-gang. Sette ragazzini scatenano il panico: Qui comandiamo noi" (La Stampa-Torino 19/06/2017)

"Torino, passeggeri di un treno in ostaggio di una gang per cinque ore" (TGCOM 24 - 18/04/2017)

"Torino, rapine e furti con l'auto di mamma: sgominata baby gang, 8 arresti" (Il Messaggero 04/04/2016).

Ma non chiamatele baby gang, vi prego. Quelle ci sono solo a Napoli. Il procuratore capo, per fare un corretto distinguo, avrebbe dovuto affacciarsi all'ombra del Vesuvio e guardare, oltre ai reali problemi di Napoli, anche i 5000 ragazzini che hanno sfilato in corteo per le strade di Scampia in quei giorni contro la violenza a sostegno proprio delle vittime di quei branchi.
Avrebbe dovuto vedere i bambini di Piazza Mercato che chiedono scusa ai carabinieri per aver ferito inavvertitamente un militare durante il 'falò di Sant'Antonio' e organizzato con loro una partita di calcio.
E, solo allora, avrebbe avuto davvero ragione a dire: Torino non è Napoli.

l'abbraccio tra i bimbi di Piazza Mercato e i Carabinieri

Ragazzi in corteo a Scampia contro le baby-gang

OMICIDI IN LOMBARDIA? SEMBRA NAPOLI

05 aprile 2018. "*Due imprenditori ammazzati nel Bresciano, coppia uccisa nella Bergamasca*".
Sembra un'ondata di violenza pazzesca? Sembra una fiction a tinte pulp? Sembra una tragedia? No. A sentire *Libero*, "*sembra Napoli*".
Così titolava infatti in prima pagina il noto quotidiano diretto da Vittorio Feltri. A firmare il pezzo invece tal Lucia Esposito, giornalista nata a Napoli che vive a Milano, già nota per aver firmato memorabili scoop come l'intervista al "*cacciatore di Pokemon*" o l'attacco deciso e senza paura a Peppa Pig: "*Liberateci da Peppa Pig: sta rovinando i nostri bambini*" cartone reo di mostrare personaggi che fanno i rutti.
Il pezzo racconta la cronaca di una serie di omicidi avvenuti tra Brescia e Bergamo: prima un pregiudicato 62enne uccide 2 imprenditori, in due momenti diversi, per poi togliersi la vita; poi, poche ore dopo, a Caravaggio (Bergamo) due uomini entrano in una sala giochi e freddano con 4 colpi una coppia di italiani (si sospetta una storia di gelosia).

QUOTIDIANO **Libero** Giovedì 5 aprile 2018

DIRETTORE VITTORIO FELTRI

ANNO I

Due imprenditori ammazzati nel Bresciano, coppia uccisa nella Bergamasca

La Lombardia sembra Napoli: 4 omicidi in un giorno

Caffeina

Nella pubblica amministrazione, anche a livello apicale, le donne sono più degli uomini. Urgono quote azzurre.

Emme

di **LUCIA ESPOSITO**

Quattro morti ammazzati e un ferito in poche ore. Proiettili che piovono in una sala giochi e lasciano a terra, in una scia di sangue, un uomo e una donna. Colpi che uccidono due imprenditori in un capannone. Sembrano cronache che arrivano dalla Napoli camorrista dove si muore in strada, dove l'esecuzione avviene in pieno giorno e spesso in pieno centro, dove si è vittima designata o solo vittima di un destino infame che ti coglie nel momento sbagliato al posto sbagliato. Sembrano fotogrammi rubati (...)

segue a pagina **13**

Ma i richiami dell'articolo sono tutti a Napoli e alla fiction Gomorra. E dire che dal rapporto BES 2018 dell'Istat emerge che la Regione in cui ci si sente meno sicuri è proprio la Lombardia.
Una regione, purtroppo, "*territorio prediletto delle nuove mafie*" come scrive il magistrato antimafia Dell'Osso nella sua relazione per l'anno giudiziario 2017, da quelle 'tradizionali' a quelle russe e cinesi. Regione il cui capoluogo, secondo il rapporto Censis, detiene il primato di città con più reati denunciati, prima anche per '*peso criminale*'. Non certo un'oasi felice, quindi, che possa giustificare il paragone con la città partenopea.
Ma per la giornalista no. Se succedono crimini, sembra Napoli. La comprendiamo. Anche guardando Libero, a prima vista, sembra un giornale.

Figura 11. Persone di 14 anni e più che nei 3 mesi precedenti l'intervista hanno avuto paura di stare per subire un reato, per regione. Anno 2016. Per 100 persone di 14 anni e più

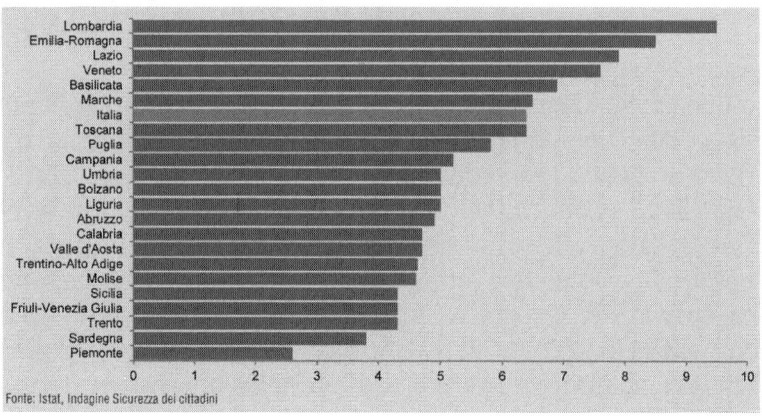

Rapporto BES 2018 - Istat

SEMBRA NAPOLI, MA SIAMO A LONDRA

07 giugno 2018: "*Minacciata dai criminali in motorino*" è il titolo dell'articolo di *Virginia Blackburn*, reporter del *Daily Express*, il noto quotidiano britannico.

La cronista racconta la sua disavventura vissuta in una zona residenziale di Londra, dove intuisce che due uomini su un ciclomotore la vogliano scippare e che il furto poi non riesca per il sopraggiungere di due auto che avrebbero ostacolato la corsa del mezzo a 2 ruote. Un presunto tentativo di scippo, quindi.

Fin qui, tutto regolare. La parte bella è però l'incipit dell'articolo. L'esperta cronista dichiara che di borseggi non ne aveva mai sentito parlare (?), se non 10 anni prima quando era stata in vacanza a Napoli. Ci mancava, davvero.

Lì aveva preso tutte le precauzioni indicatele, come stare lontana dal bordo del marciapiede, tenere la borsa non sul lato della strada, ecc. Ma "in Italia", aggiunge, non l'aveva scippata nessuno, però. Il fenomeno, secondo Virginia, ora si è diffuso anche a Londra. E quindi giù di appelli per strade sicure, maggiore sicurezza e via discorrendo. Ora che a Napoli gli scippi avvengano, sarebbe assurdo contestarlo, anzi. Quello che però stupisce è il fatto che la notizia sia che "*ora il fenomeno si è diffuso anche qui*".

Sarebbe bastato leggersi il rapporto della Metropolitan Police (la polizia della capitale britannica) pubblicato il giorno prima, che parlava di 22.000 reati con questa specifica modalità dal 2017 a maggio 2018 a Londra. 430 al giorno. E il fenomeno sembra addirittura in calo negli ultimi mesi, quindi prima era anche peggio.

Non sono in calo invece tutti gli altri reati come accoltellamenti, furti, sparatorie, stupri e omicidi, tanto da superare in tasso di criminalità New York. Non c'era bisogno quindi, cara Virginia Blackburn, di attingere ai ricordi di vacanze lontane per parlare di scippi. Bastava ogni tanto affacciarsi alla finestra.

SPUTTANAPOLI E LA POLITICA
ELEZIONI 2018

SALVINI E NAPOLI

Marzo 2017. Matteo Salvini programma di venire a Napoli per dare sostanza alla nazionalizzazione del suo partito. Un evento che sarebbe passato sotto silenzio in una città che è stata quella che poi ha dato meno voti d'Italia alla Lega (le cose però poi tenderanno a cambiare).
Ma lo scivolone di negargli la Mostra d'Oltremare come location per l'incontro da parte del nostro Sindaco (poi concessa dall'allora ministro dell'Interno Marco Minniti per garantire il 'diritto costituzionale' a manifestare) insieme ai manifestanti che hanno invaso le strade costringendo la Mostra a rescindere il contratto con Salvini, hanno dato l'eco mediatica che il leader leghista sperava. Pertanto nessun incontro con la pletora di aspiranti candidati ma la carta della censura e del diritto negato da utilizzare in campagna elettorale.
Lui che aveva magicamente scoperto l'amore per Napoli e i Napoletani; che dichiarava di impazzire per il Roccobabà (dolce tipico campano), di voler incontrare attori e cantanti, che parlava di ricchezze del porto, di cultura, di piaghe da risolvere.
Lui rispondeva a Bossi "*Napoli è anche casa mia*" e adesso reclamava la piazza per incontrare i napoletani.

Del leader della Lega ciò che più ricordano i napoletani è il vergognoso coro che intonò nel 2009 ad un raduno leghista:

"Senti che puzza, scappano anche i cani, stanno arrivando i napoletani. O colerosi, terremotati, voi col sapone non vi siete mai lavati, napoli merda, napoli colera".

Se la cavò minimizzando; era "*roba da calcio*".
Meno impressi nella memoria sono altri episodi, che sottolineano quanto il buon Matteo avesse a cuore i partenopei.
Come quello di gennaio del 2008 citato prima, quando da consigliere comunale di Milano in occasione della partita Milan-Napoli organizzò un'accoglienza speciale ai tifosi napoletani con tanti sacchetti della spazzatura in mano. "*Così imparano a fare la raccolta differenziata*", dichiarò.
Nel 2010 invece parlava di portare *Radio Padania* al Sud tranne in Campania (e meno male) perché:

"I napoletani sono troppo distanti dalla nostra impostazione culturale, dallo stile di vita e dalla mentalità del Nord. Non abbiamo nessuna cosa in comune. Siamo lontani anni luce"

e riguardo l'idea di venire a Napoli, ora che addirittura avrebbe voluto tornarci in piazza, disse:

"Sono stato anche in Calabria e in Sicilia. Ho girato molto e al Sud mi sono sempre trovato bene ma riguardo Napoli non sento questo tipo di esigenza. Diciamo che non è tra le prime dieci città che visiterei...".

Aiuta anche ricordare il suo pensiero sull'euro espresso nel 2012 da europarlamentare del Carroccio:

"La Lombardia e il Nord l'euro se lo possono permettere. Io a Milano lo voglio, perché qui siamo in Europa. Il Sud invece è come la Grecia e ha bisogno di un'altra moneta. L'euro non se lo può permettere".

Ma è spesso sui social che Salvini esprime il meglio di sé. Sulla sua pagina Facebook, il 24 luglio 2012 leggiamo:

"È vero che al Sud ci sono tante brave persone, che vivono e lavorano onestamente. Ma, senza ipocrisie è ahimè ancora più vero che la politica al Sud non avrebbe fatto i disastri che ha fatto senza la connivenza-convenienza di buona parte della popolazione.
Mentalità, opportunismo, indole, menefreghismo, egoismo?
Non lo so, so solo che sono stufo di pagare per chi non fa una mazza dalla mattina alla sera".

Fioccano poi le perplessità sul fatto che Napoli appartenga davvero all'Italia, l'allegria nel vederla affondare nella propria spazzatura e i proclami su l'unica via d'uscita per loro, rappresentata dall'indipendenza della Padania.

Il 3 settembre 2014 invece, ai microfoni di *Repubblica TV* dichiarava:

"Un problema reale dei nostri giorni è bloccare l'esodo degli insegnanti precari meridionali al Nord".

Ma in politica il trasformismo non è considerato onta bensì prassi e un anno dopo Salvini sbancherà alle elezioni come primo partito della coalizione di centrodestra, si alleerà con il M5S per governare e dopo aver conquistato punti di gradimento con la 'politica del tweet' cercherà di sfasciare tutto per passare all'incasso. Però poi non sempre tutto va come si spera; fortunatamente.

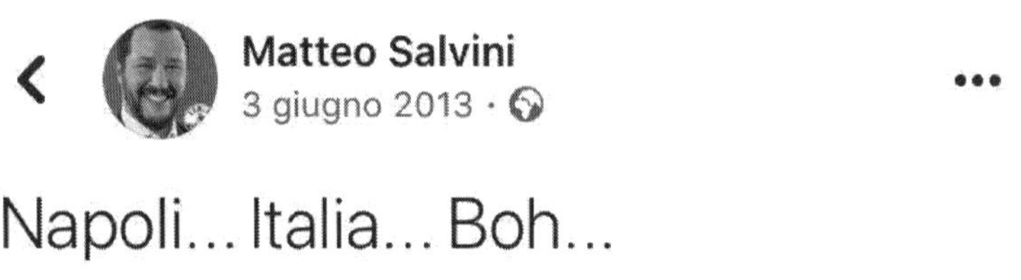

Post su Facebook della pagina ufficiale di Matteo Salvini - 3 giugno 2013

IL VOTO DEL SUD

Il successo di Salvini al Nord deve fare i conti con il fiume di voti raccolti dal Movimento 5 stelle, primo partito italiano. I pentastellati sbancano in tutta Italia, sia ben chiaro, ma al Sud ancora di più perché in questi territori la Lega già è tanto se è riuscita ad entrarci.

Anche a Napoli il M5S ottiene larghi consensi e subito fioccano le dichiarazioni degli analisti del voto, quelli importanti.

Il giornalista Vittorio Zucconi, corrispondente da Washington per Repubblica (recentemente scomparso), ci offre una visione del voto a Napoli più precisa. Su *Twitter* scrive:

"Voti M5S nei collegi napoletani più a rischio Camorra: Barra 65,3%; Scampia 65,2%; Pianura 61,0%; Secondigliano 60,3%".

Quindi scopriamo che è proprio la camorra che fa votare M5S; insieme agli scansafatiche ovviamente, perché l'altra voce ricorrente, come vedremo tra poco, è che al Sud si sia votato M5S esclusivamente per il reddito di cittadinanza.

Come quando vivemmo l'emergenza rifiuti, e la nostra colpa era di aver votato la Iervolino al Comune di Napoli e soprattutto Antonio Bassolino alla Regione Campania, artefici dello scempio. Eravamo troppo a sinistra.

Poi i Napoletani votarono a destra, alla Provincia e alla Regione, e allora eravamo camorristi perché votavamo per Cosentino, Cesario & C.

Allora al Comune si decise di votare arancione, De Magistris, e diventammo tutti attivisti dei centri sociali; un modo garbato per definirci sempre sfaticati e alla ricerca di assistenzialismo sfrenato. Il voto napoletano, ovunque vada, è sempre il frutto di qualcosa di becero.

Ma gli analisti avevano decretato che al Sud si era votato M5S per il reddito di cittadinanza e i titoli di giornali si sprecarono; i quasi 11 milioni di voti incassati dal M5S sembrava provenissero tutti dall' 1,4 milione di disoccupati del Sud.
Ma ritrarci come sfaticati e opportunisti non bastava; ed ecco che su tutti i quotidiani viene lanciata la notizia che in Puglia, precisamente a Giovinazzo, i Caf vengono 'assaltati' per richiedere i moduli del reddito di cittadinanza.
Quindi oltre ad essere sfaticati e opportunisti eravamo anche stupidi a non capire sia che il governo non si era ancora insediato, sia che non si poteva nemmeno sapere chi avrebbe governato vista l'incertezza dei risultati che non aveva creato una maggioranza assoluta.
La notizia, riportata dalla *Gazzetta del Mezzogiorno*, viene ribattuta da tutti i quotidiani italiani.
Il Fatto Quotidiano ridimensiona il tutto a una bufala riportando la smentita dei Sindacati, ma in fondo le smentite a chi interessano?
Di certo non a *Massimo Gramellini*, che nella sua rubrica quotidiana *"il caffè di Gramellini"* del Corriere della Sera (09/03/2018) torna sulla bufala delle richieste di moduli per il reddito di cittadinanza rivolte ai Caf delle città del Sud con queste parole:

"In diverse città del Sud fioriscono le richieste di moduli per il reddito di cittadinanza".

Bancomat a cinquestelle

di Massimo Gramellini

In diverse città del Sud fioriscono le richieste di moduli per il reddito di cittadinanza. A chi cerca di passare all'incasso, cortesi funzionari spiegano la differenza tra una promessa elettorale e una legge dello Stato. Ma non sempre risultano convincenti, se è vero che davanti a un patronato di Palermo è stato esposto il seguente cartello, anche in arabo: «In questo Caf non si fanno pratiche per il reddito di cittadinanza». Messaggio quanto mai ambiguo, perché mantiene viva l'illusione che si facciano da qualche altra parte. Può darsi che abbiano ragione i richiedenti. E che sia già passata una riforma istituzionale a soluzione

E visto che lui è un giornalista serio, inserisce il link della fonte; ovvero un articolo del *Corriere* che nello stesso pezzo, pur marciandoci sopra, già lascia intendere che si tratti, quantomeno, di un'esagerazione. Semplice richiesta di informazioni, a Napoli come a Torino. Forse l'unico caso di articolo dove si cita come fonte la smentita, anche se parziale. Un record.
Le richieste, che non sono più 'assalti' come riportato da altri quotidiani, sarebbero partite da Giovinazzo, vicino Bari, come dichiara il suo Sindaco, e da *Porta Futuro*, il centro servizi per l'occupazione della città di Bari. Almeno in 50 a chiedere i moduli.
Il Direttore del centro è Franco Lacarra (casualmente fratello del neoeletto deputato Marco Lacarra del PD) il quale, contattato da *Lineapress* riferisce che:

"non vi era stato alcun assalto ma che è solo capitato, come gli capita sempre per qualsiasi provvedimento compresi quelli regionali, che alcune persone NEGLI ULTIMI 3 GIORNI si siano recate a chiedere informazioni generiche sul reddito di cittadinanza".

I sindacati di categoria smentiscono e qualsiasi neurone viaggi almeno in coppia può arrivare a dedurre che l'allarme 'eventuale' lanciato da una cittadina di 20.000 abitanti non può essere allargato a tutta la regione Puglia. O a tutto il Sud, come suggerisce Gramellini.
Le conclusioni del giornalista sono quindi tutte sull'ignoranza di chi crede che una proposta di legge diventi legge alla fine delle elezioni e che il voto sia 'voto di scambio' . E, visto che lui paga le tasse e l'eventuale reddito di cittadinanza lo pagherebbe anche lui, auspica che al reddito sia affiancata una copia della costituzione o di un telegiornale. Roba che neanche il miglior Salvini.

Volendogli quindi rispondere in ordine:

1) le file ai Caf sono solo nella sua testa, pertanto già pubblicare una bufala è vergognoso per un giornalista, farci pure il commento editoriale sopra 24 ore dopo, contempla l'aggravante 'per-

severanza della mediocrità'.
2) Se proporre soluzioni come il reddito di cittadinanza sono 'voto di scambio', ricordiamo che in tutta Europa esistono forme simili di assistenza ai cittadini e sono sempre state raccontate come un fiore all'occhiello di quei paesi. Che nelle promesse elettorali degli altri partiti troviamo pure la batteria di pentole e la Mountain Bike e nessuno si è scandalizzato. Che in parlamento i voti sono stati comprati, i parlamentari si sono venduti e nessuno si è indignato. Che chi ha dato il voto al Sud ai pentastellati magari, ma solo magari, ha anche un lavoro e si è fidato di altro (o non si è fidato di altri), altrimenti la disoccupazione sarebbe al 60% contando i voti.

3) Sulla Costituzione in allegato invece mi trova d'accordo.
Magari ci sarebbe qualcosa di interessante da leggere, rispetto a certi editoriali.

BIANCOFIORE E IL SUD CHE NON VA IN VACANZA

Con l'incerto risultato delle elezioni che non garantisce alla coalizione arrivata prima la maggioranza necessaria per governare, si ipotizza sui futuri scenari: ed uno di questi è la possibilità di tornare alle elezioni, magari a luglio del 2018.
Di fronte a questa eventualità insorge Michaela Biancofiore a *L' Aria che Tira* (La7):

"Elezioni anticipate in estate? Danno i brividi a tutti, perché sarebbero la consegna della vittoria al M5S per un semplice motivo purtroppo: al Sud non si possono permettere di andare in vacanza e chi ha votato i 5stelle è il Sud, sostanzialmente".

Michaela Biancofiore è deputata di Forza Italia, già deputata nelle precedenti 3 legislature, già sottosegretaria nel governo Letta e coordinatrice del suo partito in Trentino. Non fatevi però ingannare dal suo curriculum perchè Razzi, al confronto, sembra Sandro Pertini.
La Biancofiore è politica di razza: nel 1994 si candida al Consiglio comunale di Bolzano ma i suoi 18 voti raccolti non le permettono di varcare la soglia del municipio.
Ci riprova con il PdL nel 2010 e viene eletta ma non se ne accorge; infatti non si presenta mai tanto da far avviare nei suoi confronti la procedura di decadenza per troppe assenze.
Ma lei era ormai deputata berlusconiana e certe candidature si fanno per immagine, si sa. Negli anni si fa notare, in sostanza, solo per le sue uscite in difesa dell'indifendibile, ovviamente in riferimento al suo capo politico, con uno spruzzo di dichiarazioni omofobe sparse qua e là. La tesi della Biancofiore è in linea con quella che vuole un Sud disoccupato che ha votato 5stelle solo per il reddito di cittadinanza; in effetti non esiste altra spiega-

zione considerando le alternative in campo, tutti partiti noti per non essere mai stati coinvolti in scandali di nessun tipo e garanti della democrazia e crescita del paese.
Perché l'eventualità che si sia creata una certa disaffezione alla politica di professione, magari spinta da decenni di corruzioni e malgoverno e che l'elettorato stanco abbia deciso di smarcarsi dai partiti 'tradizionali', non viene proprio presa in considerazione.
Ora, però, tralasciando che il M5S ha raccolto vagonate di voti anche nel ricco Nord, almeno adesso abbiamo la conferma che al Sud non stiamo messi bene. Perchè soffermandoci sulle politiche di governo degli ultimi trent'anni è parso che eravamo buoni solo a lamentarci e che in realtà non stavamo poi così male.
Adesso lo sappiamo: siamo poveri. Ma così poveri da non poter portare nemmeno i nostri figli al mare mentre loro invece le vacanze le cominciano a fare da luglio; bene.
Avrà di certo cambiato idea rispetto a quando difendeva Berlusconi che citava i 'ristoranti pieni' per dimostrare una crisi nel paese inesistente. Lei allora rincarò la dose: "*anche i bar sono pieni*", dubitando addirittura che realmente esistesse la povertà.
Forse parlava solo dei bar del Nord.
La Biancofiore ne approfitta anche per ricordare che nuove elezioni sarebbero costate agli italiani 400 milioni di euro. Ed è vero. Dimenticava solo che quella legge elettorale l'avevano votata proprio loro, tutti insieme (ad eccezione proprio del M5S).
Ma fortunatamente i 400 milioni non sono stati spesi perché l'alleanza di governo è stata trovata: Lega e Movimento.
Ovviamente nessun elettore poteva solo immaginare che un voto ai grillini avesse potuto generare un Salvini Ministro dell'Interno. Un Salvini che poi ha fatto in modo, senza alcun motivo ragionevole, di farli spendere quei 400 milioni, facendo saltare l'alleanza e invocando elezioni anticipate; ma non ci è riuscito.
Sarà stata contenta la Biancofiore?

SPUTTANAPOLI E LA POLITICA
IMPARATE A LAVORARE

FEDERICO II. IL GEMELLAGGIO CHE NON PIACE A PISA

Dicembre 2018.
C'era un progetto di gemellaggio tra l'Università Normale di Pisa e la Federico II di Napoli e c'erano i soldi (50 milioni) a finanziare questo progetto. Un modo per investire sull'Università napoletana che però a Pisa proprio non piaceva; una filiale a Napoli non era gradita. Sono infatti insorti tutti, studenti e docenti e soprattutto il neosindaco leghista di Pisa, Michele Conti.
"*Questo matrimonio non s'ha da fare, né domani, né mai*" tuonava il primo cittadino. La *Scuola Normale Superiore* è un'eccellenza italiana che già da cinque anni ha una seconda sede a Firenze, ma la filiale in Terronia era per troppi inaccettabile.
Il sindaco quindi è partito per Roma con il deputato Ziello dall'allora ministro del Carroccio Bussetti ed ha ottenuto rassicurazioni: il marchio non si esporta. E via con i festeggiamenti:

"La Scuola Normale è salva. Al Sud non verrà istituita nessuna sede secondaria, l'università rimane unica e nella nostra città... volevano il marchio, i napoletani dimostrino di saper lavorare"

e ancora:

"Io faccio il sindaco e so l'indotto che crea l'università sul territorio. Prima prendevano il simbolo poi ci facevano concorrenza... noi già sappiamo come sarebbe andata a finire: sarebbe stata aperta la succursale in via sperimentale per tre anni, poi magari a Napoli avrebbero avuto l'autonomia e così utilizzavano il marchio della Normale per portare ricchezze solo al Meridione".

Bravo, finiamola con questo Meridione che si vuole arricchire alle spalle del Nord. Impariamo a lavorare, piuttosto; applausi e consensi per l'agronomo Michele Conti che esulta in diretta Facebook. Il quale non sa che alla *Scuola Normale Superiore* di Pisa ci sono già docenti napoletani provenienti dalla *Federico II*, che gli atenei collaborano proficuamente già da tempo, hanno un centro ricerca in comune e che i dottorati a Pisa li vincono spesso i laureati federiciani.
E anche che la *Scuola Superiore del Sud* fortunatamente si farà comunque, perché i soldi restano stanziati. Ci mancherà il nome eccellente, è vero, dovremo accontentarci di quello della Federico II con i suoi soli 800 anni di storia.
Sotto il mirino finisce anche il direttore della scuola Normale, accusato di aver avallato il progetto perché nato a Napoli (in realtà è nato ad Ancona ed a Napoli ha studiato, alla Federico II proprio).
Il sindaco però è in preda all'euforia:

"Io credo che si debba tornare indietro di 40 anni per trovare risultati eccellenti come quello di oggi. Noi l'abbiamo fatto per il territorio e la nostra città che amiamo tantissimo".

Le solite armi di distrazione di massa; il solito Sud nemico che vuole campare sulle spalle, sul lavoro e sul 'blasone' del Nord.
E così si evita che l'attenzione dei cittadini si concentri sulle molteplici piaghe che affliggono la loro città, molto simili a quelle partenopee.
Come quella dei furti che, secondo le parole del direttore di Con-

fcommercio Pisa Federico Pieragnoli, "*ci sono più che a Napoli* (2.285,5 furti ogni 100.000 abitanti) *e quasi come a Roma. Si tratta, in pratica, di 36 furti e mezzo ogni giorno dell'anno, Natale, Pasqua e Ferragosto compreso, mentre ogni giorno sono almeno tre i negozi e le attività pisane che subiscono un furto*".

O quella dei parcheggiatori abusivi, visto che Pisa ne è assediata, come riferisce il sito de La Nazione il 27 maggio 2018:

"*Parcheggiatori abusivi: un assedio quotidiano. I controlli? Non ci sono*".

O quella delle piazze di spaccio, come riferisce il sito de La Nazione il 24 ottobre 2016:

"*Spaccio a orario continuato. La droga invade ogni quartiere. Viaggio nelle piazze e nelle strade colonizzate dai pusher*".

Tutto questo in una città dove "*la criminalità è la vera incontrastata padrona di strade, vie, piazzette e parcheggi*" (ImolaOggi.it, 13 maggio 2018).

Ecco, quando il buon sindaco leghista troverà la ricetta per questi problemi potrà dire di aver raggiunto 'risultati eccellenti' per la sua città che 'ama tantissimo'.
Fino ad allora, sarà solo un leghista qualunque.

BUSSETTI E IL SUD CHE DEVE LAVORARE

08 febbraio 2019.
Il ministro dell'Istruzione, Marco Bussetti, è in visita ad alcune scuole di Afragola e Caivano, in Campania. Un cronista lo ferma e gli pone la domanda: "Cosa arriverà di più qui al Sud per recuperare il gap con le scuole del Nord?"
Bussetti è ministro, ma da poco. Il suo animo è leghista, cresciuto a pane e terroni. Il cambio di nemico attuato dal suo leader, dal meridionale all'immigrato, non è una cosa che si metabolizza in due minuti. E risponde che, in sostanza, non servono più soldi, ma lavoro e sacrificio. Lo ripete più volte:

"Ci vuole l'impegno del Sud. Vi dovete impegnare forte. Non fondi ma lavoro, sacrificio e impegno".

E lo dice con quell'espressione beota tipica leghista, che nasconde il solito disprezzo verso il Sud e i suoi sfaticati abitanti, che pretendono solo assistenzialismo senza darsi da fare.
Quel video va visto, perché è nel tono e nell'espressione che si coglie il senso profondo del pensiero. Il professore di educazione fisica, nonché allenatore di basket divenuto ministro, viene subito travolto da un'ondata di indignazione sollevatasi da tutto il Sud.
L'allora vicepremier e ministro del Lavoro Luigi Di Maio chiede le scuse:

"Se un Ministro dice una fesseria sulla scuola, chiede scusa. Punto. Venire in una delle aree più in difficoltà d'Italia a dire, usando il 'voi', che per ridurre il gap nelle scuole del sud 'vi dovete impegnare di più' farebbe girare le scatole anche ad un asceta. Figurarsi gli insegnanti!"

E pronta arriva la sua replica su Facebook, nella quale ovviamente se la prende con il montaggio video, dice che la frase è stata estrapolata e tutte quelle scuse generalmente accampate quando non sai come uscirne.
Un video a suo dire "*usato per rappresentare un ministro ostile al Mezzogiorno*". E lui non ci sta, visto che al Sud ci tiene tanto.
E parte con l'elenco della 'beneficenza' fatta ai terroni e l'amore che prova per loro:

"Conosco benissimo i sacrifici di migliaia di insegnanti spostati al Nord, a centinaia di chilometri dalle proprie case. Da Provveditore ne ho incontrati tanti. Conosco le realtà di eccellenza che sono al Sud, nella Scuola come nell'Università e nella Ricerca".

Anche se da provveditore scolastico a Milano le uniche parole che si ricordino sugli insegnanti del Sud erano le promesse di verifiche sulla regolarità delle nomine e i controlli sui titoli e sulle assenze di tutti gli insegnanti che dal Sud venivano chiamati ad insegnare a Milano:

"Troppi professori da fuori regione. Verificheremo tutti i curriculum... voglio almeno essere sicuro che i punteggi dichiarati dai nuovi iscritti corrispondano al vero"

si leggeva sul Corriere della Sera il 31 agosto 2014. Ovvio; essendo del Sud avranno di certo falsificato i curriculum.
Questo mentre contestualmente il suo partito in Lombardia proponeva concorsi regionali per fermare lo 'sbarco' dei meridionali al Nord e il suo capo Salvini, come riportato prima, dichiarava: "*Un problema reale dei nostri giorni è bloccare l'esodo degli insegnanti precari meridionali al Nord*" - e aggiunge nel suo post - "*al Sud servono fondi, certo. Come ovunque. Ne sono consapevole. Ma so anche che da soli non bastano. È quello che ho detto ieri. Occorre anche credere in se stessi, lottare, rimboccarsi le maniche. Bisogna saper utilizzare meglio le risorse economiche*".

Certo. Come per gli asili nido, dove i soldi venivano assegnati in base alla 'spesa storica'. Cioè non in base al fabbisogno reale, ma in base a quanto si spendeva precedentemente.
Una legge secondo la quale se a Napoli ci sono pochi asili nido significa (per loro) che ne servono pochi, e i contributi sono minori. Se al Nord invece ce ne sono tanti, significa che hanno bisogno di più soldi. Geniale. Solo dopo 5 anni e una lunga battaglia, a luglio 2018 i "fabbisogni zero" sono scomparsi.
Quando Salvini venne a Napoli nel marzo 2017 in un forum al *Il Mattino* glielo fecero notare (la Lega aveva votato queste disposizioni) e lui cascò dal pero. Si era preparato il pistolotto contro gli immigrati e quelli gli parlavano di norme, parametri e fabbisogni. Il cronista Marco Esposito lo scriveva anni fa:

"Quando il Sud spende troppo, si applica con rigore (come giusto) il costo standard, quando il Sud spende poco – come per gli asili nido e le scuole – a sorpresa vale la famigerata 'spesa storica', proprio quella che il federalismo fiscale prometteva di superare".

Perché la Lega vuole oggi ancor più di ieri regionalizzare la scuola. Con il solo unico risultato però di far perdere risorse al Sud. Un'operazione che, come ci ricorda sempre Marco Esposito in un'inchiesta su *Il Mattino* dell'8 febbraio 2019, farebbe perdere 1,5 miliardi al Sud.

Con la scuola regionale il Sud perde 1,5 miliardi

▸Il costo dei prof nel Mezzogiorno è gonfiato dagli scatti d'anzianità ▸Ma la spesa maggiore è a Trento: il doppio della media nazionale

massimo di 1.349 a Tre
to della Liguria, purt
spiega con il crollo dell
per cui si spende poco
mai ci sono pochissimi
Il Veneto aspira a «dive
me il Trentino», trascur
ciò porterebbe un radd
la spesa, palesemente i
bile.

I TRASFERIMENTI
Il Mezzogiorno ha dati
mente sopra la media, c
lore di 841 euro contro
tare tale livello a 767 eur
cherebbe togliere 1,5
che, in apparenza, sono
Tuttavia la spesa in più
al classico percorso de
italiani: concorso pub
prima sede al Nord, al

E il Ministro Bussetti la ritiene "un'idea virtuosa", come dichiarato al Corriere della Sera il 24 ottobre 2018.

E aggiunge ancora: "*Sono il Ministro che ha finanziato la Scuola Superiore di Napoli, un sogno inseguito per anni. Che ora sarà realtà*". Certo. Ha solo dimenticato di aggiungere quello che abbiamo detto prima, e cioè che il progetto originario prevedeva una sorta di gemellaggio tra l'Università *Normale* di Pisa e la *Federico II* di Napoli, ma il sindaco di Pisa Michele Conti, suo compagno di partito, non ci stava a gemellarsi con i partenopei e, in barba all'autonomia delle università, si è recato da lui per convincerlo a far naufragare il progetto, riuscendoci. Bussetti conclude:
"*Tutto si può dire tranne che io sia un Ministro che guarda con disprezzo al Sud. Credo che i fatti parlino da soli*".
Si, Ministro. I fatti, effettivamente, parlano da soli.

P.S. Il 27 ottobre 2019 *Repubblica* ci racconta le grandi capacità di Bussetti di "saper utilizzare al meglio le risorse economiche". 80 'missioni', pagate con le nostre tasche, erano dedicate a spostamenti personali, voli 'casa-ufficio' (per i quali già percepiva una diaria mensile di € 3500) ed alti impegni istituzionali come il compleanno di Salvini, le adunate di Pontida, lunghi weekend e comizi vari, per un totale di 25456,24 euro di soldi pubblici 'distratti' dalle nostre tasche.
"Vi dovete impegnare forte", diceva Bussetti. Lui, per viaggiare con i nostri soldi, l'ha fatto egregiamente, senza dubbio.

la Repubblica — 27-OTT-2019, pagina 23, foglio 1 / 3

Aerei e weekend al mare Le missioni fantasma dell'ex ministro Bussetti

Immotivati 80 viaggi di lavoro su 133, tutti pagati con i soldi dello Stato
Oltre alla diaria, extra da più di 25mila euro. Lui replica: non ricordo

BUSSETTI E IL SUD. LO STRASCICO

12 febbraio 2019.
Non si placano le polemiche sulle dichiarazioni del ministro Bussetti e se ne parla a *Mattino Cinque*, storico programma mattutino di Canale 5. Ospiti del conduttore Francesco Vecchi il giornalista lombardo Roberto Poletti, il vicedirettore del Corriere della Sera *Daniele Manca* e in collegamento il partenopeo Raffaele Auriemma.
Auriemma contesta le parole del Ministro, i toni sprezzanti, ricorda che la metà degli insegnanti del Nord viene dal Sud e che il Ministro dovrebbe essere istruito più che istruire. E sottolinea che Bussetti è di Gallarate, non certo "*un avamposto del meridionalismo più sfrenato, anzi, ma il germoglio più becero del leghismo che non vuole l'unità del Sud*".
Poletti si infastidisce e ribatte:

"*Che c'avrebbero (di male) quelli di Gallarate, di quelle parti che votano Lega, che magari sono stufi di pagare per il resto del paese?*"

E continua a difendere "*il Nord che paga le tasse per gli altri, compresi quelli del Sud*".
Lui che è cresciuto nel profondo Nord ammette di aver avuto insegnanti meridionali, alcuni bravi ma altri fannulloni e si presenta, ironicamente, come "*il prodotto di questa devastazione*".
Ci tornerà sui suoi insegnanti, lodando i pochi che hanno supplito alle mancanze degli altri.
Il conduttore mostra poi una slide che riporta gli investimenti al Sud in 40 anni: 430 miliardi. Scopo della diapositiva era evidenziare che rappresentavano solo 1/5 delle risorse pubbliche investite: una cifra apparentemente alta ma in realtà bassissima.
Ma lui non legge nemmeno la frase completa e interrompe il

conduttore alla parola 'miliardi' per urlare "*e dove sono finiti?*". Perché in realtà non aveva capito nemmeno di cosa si parlava. Cresciuto a pane e terroni gli hanno spiegato che funziona così; lui lavora e gli altri no.
E via in uno sproloquio di slogan e concetti razzisti che ci fanno capire un paio di cose: una è che effettivamente i suoi insegnanti non hanno fatto un gran lavoro. L'altra è che il sentimento leghista è reale. Ci credono a quel che dicono. Non hanno nemmeno una vaga idea di come stanno le cose ma ci credono. Non sanno nulla della storia, dello sfruttamento sistematico e storico del Sud da parte del Nord.
Non sanno che i finanziamenti al Sud sono da sempre minori di quelli al Nord e in gran parte provengono dai fondi europei.
Non sanno di quanto oggi ancora il Nord abbia bisogno del Sud: della sua forza lavoro, dei suoi cervelli, dei suoi soldi. I soldi che il Sud spende per acquistare i beni prodotti dalle aziende del Nord, 70 miliardi l'anno. I soldi che il Nord guadagna dagli appalti che si aggiudica.
Non sanno di quanto il Nord abbia bisogno persino dell'immondizia del Sud, come detto prima, per far funzionare i suoi inceneritori.
Di quanto abbia bisogno della raccolta differenziata del Sud per alimentare gli impianti di compostaggio e riciclaggio, tutti al Nord e di proprietà sia di privati che di comuni.
Non sanno nulla. Sono uomini dal pensiero semplice, indottrinati da tre slogan confortanti i quali gli suggeriscono di essere migliori per cittadinanza, non per merito. Per nascita.
E questo li tranquillizza. Dalle loro inadeguatezze, perché hanno trovato chi è peggio di loro con teorie di lombrosiana memoria, e dai loro problemi, perché tanto al Sud è sempre peggio.
Ci credono e stanno meglio.
Il vero dramma è che una parte di noi sta finendo per crederci con loro.

IL REDDITO DI CITTADINANZA

06/03/2019.
Dopo mesi di dibattiti il reddito di cittadinanza è realtà e diventa possibile presentare domanda per accedervi.
I giornalisti, secondo quanto riferisce *Il Mattino online* del giorno stesso, si schierano all'ingresso della Posta Centrale di Napoli per registrare l'assalto, ma restano delusi. Delle poche persone in fila nelle prime ore, nessuna era lì per richiedere il reddito.
Nessuna fila, nessuna ressa.
Poi arrivano i primi dati: in Campania sono fioccate circa 5700 richieste; lo stesso numero registrato in Lombardia.
Difficile uscirne. Dopo averci spiegato che il voto compatto del Sud era motivato esclusivamente dalla volontà di richiedere il reddito di cittadinanza (omettendo di dire che il numero di voti a favore dei pentastellati è stato quasi 10 volte superiore al numero dei disoccupati), dopo averci raccontato assalti ai Caf di tutta Italia il giorno dopo le elezioni senza che nemmeno si sapesse chi avrebbe governato, ora si scopre che la misura del reddito trova gradimento anche al Nord, che se la passa molto meglio del Sud.
Come se ne esce? Semplice.
La soluzione ce la da *Libero*, il tempio del giornalismo cabaret, che titola l'8 marzo 2019:

"*Fannulloni senza rimedio. Per non rischiare di lavorare rifiutano il reddito dei grillini*".

C'è davvero del genio in loro.
E a faticare davvero sono solo quelli di *Lercio*, il noto giornale satirico, costretti ogni giorno a vedersi superati.
Forza ragazzi, è un mestiere difficile, ma qualcuno lo deve pur fare.

P.S. A luglio del 2019 i dati aggiornati evidenzieranno una distribuzione del reddito di cittadinanza in linea con il Pil pro capite. Le Regioni più povere, del Sud, avranno maggiore incidenza rispetto a quelle più ricche del Nord. Il sussidio infatti va a chi è più povero, dati alla mano. In Lombardia, ad esempio, con un Pil pro capite di 38.211,7 euro, beneficiano del reddito 7,4 nuclei familiari su 100. In Campania 29,4 su 100 dove però vi è un Pil inferiore di oltre il 50%. Una misura che, piaccia o no per modalità e criteri di selezione, ha comunque teso una mano agli ultimi; da Nord a Sud.

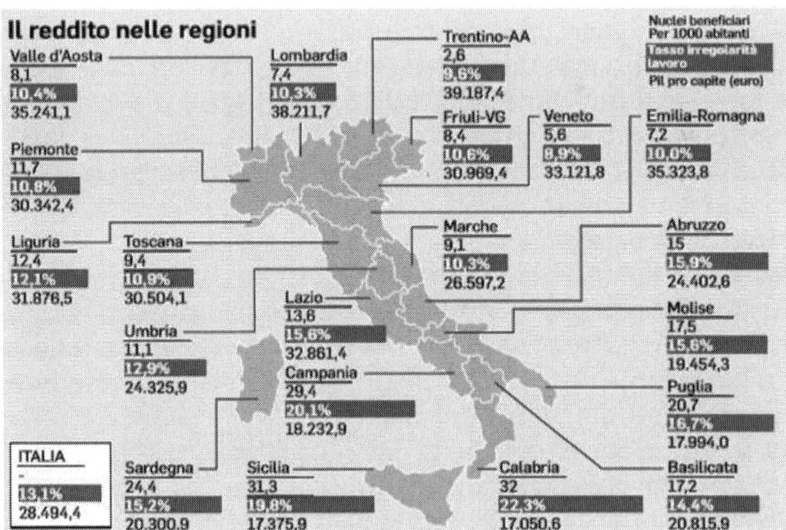

Grafico ripartizione reddito nelle regioni - Il Mattino - 28 luglio 2019

MARIA GIOVANNA MAGLIE
E IL SUD CHE SUCCHIA IL SANGUE

12/07/2019.
E' vivo il dibattito sull'autonomia alle regioni del Nord e da La7, durante il programma 'L'aria che Tira', arriva un altro contributo interessante alla questione con le dichiarazioni della giornalista Maria Giovanna Maglie:

"*Il Sud deve cambiare mentalità. Deve passare dalla mentalità assistenzialista alla mentalità di produzione; chiedendo di avere tutti gli strumenti* (grazie mille n.d.r.) ***ma non chiedendo di succhiare il sangue a nessuno****, perché ci sono realtà del Sud che campano da sempre in questo modo. Ed è ora di farla finita!*".

Nessuno si è preoccupato di risponderle, forse perché al Sud sono tutti occupati a fare la bella vita con i soldi del Nord che ci paga le tasse, l'assicurazione auto, il fitto, la benzina e ci permette di stare al mare tutto il giorno.
Ma in fondo come non comprenderla? Dobbiamo darci una svegliata. Non è possibile continuare ad usufruire dei migliori servizi d'Italia e pretendere di averli a costo zero, mentre al Nord sgobbano quotidianamente e vivono da indigenti.
Basta assistenzialismo. E' vero, mancano i dati di questo assistenzialismo, di questo benessere, di questa ricchezza, ma in fondo a chi importa? Se ne sono convinti loro così tanto fino a convincere anche noi e quindi va bene così.
La denuncia parte come detto da Maria Giovanna Maglie, giornalista dalle idee chiare, anche politiche.
Comincia con *l'Unità* (PCI), passa in *Rai* (allora PSI), vagheggia tra *Il Foglio*, *Il Giornale* (dopo Montanelli ovviamente) e *Radio Radicale*, sosta come editorialista a *Libero* e dopo aver sostenuto con

tutte le sue forze Trump per *Dagospia* è ora accesa sostenitrice di Matteo Salvini.
Da tempo si parla di un suo programma in Rai ma sembra che il M5S si sia opposto perché il suo primo ingresso nella televisione pubblica nacque dalla raccomandazione di Craxi grazie alla quale si trovò corrispondente da New York.
Strano, raccomandata per sua stessa ammissione. Proprio come quelli del Sud, che cercano sempre corsie preferenziali; ma sarà stato un incidente di percorso.
Dalla Rai poi fu lei stessa a dimettersi in passato perché accusata di rimborsi spese gonfiati durante i suoi soggiorni all'estero.
Incriminata per truffa venne assolta perché le note spese, pur se imponenti, non contenevano fatture false. Solo rimborsi per 2 milioni e mezzo al mese per giornali e riviste, 6 milioni al mese per i taxi pur avendo dalla Rai un auto in leasing e via dicendo; mica come i succhia sangue del Sud.
Del resto è risaputo che il mestiere di giornalista costa. Anche se, considerando che non risulta da tre anni iscritta all'ordine perché non versa le quote d'iscrizione, forse nemmeno così la si potrebbe definire. Ma anche questo sarà un caso; possibile che proprio una 'dura e pura' come lei dimentichi di versare quanto dovuto? Impossibile.
Siamo noi che dobbiamo smetterla di "campare da sempre in questo modo" e prendere esempio da quelli più civili e virtuosi.
Il problema è solo trovarli.

SPUTTANAPOLI NELLO SPORT
NAPOLI NEL CALCIO

La narrazione viziata e stereotipata di Napoli traspare in maniera evidente anche quando si parla di calcio. Non è mai solo sport. Se c'è Napoli di mezzo è spesso solo l'opportunità per riesumare un sentimento di disprezzo e intolleranza che cova in taluni personaggi. E quando si attinge al paniere dei luoghi comuni la stampa fa a gara a far rimbalzare la notizia, quasi che a parlar male di Napoli si guadagnasse di più. Quasi.
E poco importa se ciò che si dice è falso, viziato o travisato.
Spesso invece non ci si appoggia nemmeno a qualche dichiarazione di terzi; la notizia la si inventa proprio.
Sto esagerando? Forse. In fondo sono napoletano, quindi vittimista e piagnone; me l'avevano già spiegato. Ce l'hanno spiegato a tutti noi e molti se ne sono convinti.
L'attacco è così costante, multiplo e concentrico da far venire la voglia di dire: "*avete ragione voi, siamo incorreggibili e imperdonabili*". Ma sarebbe un errore.
Pretendere obiettività, onestà intellettuale, rispetto, è doveroso oltre che giusto. Ovviamente il discorso è generale; non tutti i giornalisti sono superficiali o in malafede. Esistono testate che il loro lavoro lo fanno bene e professionisti onesti. "Chi è buono si salva da sé", si dice. Il resto è questo...

NAPOLI CHE FA PAURA AL MONDO

29 aprile 2017.
Mentre il Napoli si accinge a chiudere il campionato che la vedrà seconda dietro i soliti bianconeri, c'è una notizia che rimbalza di giornale in giornale, in rete, nei blog e in tv: i calciatori Gonalons e Tolisso hanno rifiutato Napoli perché hanno visto la fiction Gomorra in Francia.

LE FIGARO

« Sans la liberté de blâmer, il n'est point d'éloge flatteur. » Beaumarchais

Tolisso, Gonalons, Naples : quand les joueurs ont peur de de la Camorra

I due atleti sono stati spesso ritenuti dalla stampa nel mirino della dirigenza napoletana; operazioni che non si sono mai concluse (Gonalons sbarcherà poi alla Roma l'anno successivo) e finalmente adesso a tutti è chiaro il perché: avevano paura.
Gomorra ha mostrato il lato buio della città e loro nella 'Raqqa' italiana non ne volevano sapere di mettere tende. Come non comprenderli.
A riportare l'incredibile scoop è Frederic Guerra, agente dei due calciatori. La notizia fa ovviamente il giro del mondo, aggiungendo ombre, qualora ce ne fosse bisogno, all'immagine della città.
Ma cosa c'è di vero?
Per capirci meglio qualcosa dobbiamo fare un passo indietro.
Frederic Guerra è un agente Fifa francese, procuratore di una manciata di giocatori, trai quali i due citati. Da diversi anni ha un solo sogno: portare qualche calciatore in Italia e precisamente a Napoli. Si, proprio Napoli, che lui conosce bene. Infatti il buon

Frederic sarà pure francese ma è nato a pochi chilometri da Napoli; il papà è di Afragola e la sua famiglia è di queste parti.

"É' vero, mio padre è nato ad Afragola, mi piacerebbe quindi moltissimo portare a Napoli uno dei miei ragazzi: coronerei un sogno".

Così diceva ai microfoni di *Radio Crc* nel lontano 2011, quando provava a vendere al Napoli Diarra e Mahamadou ma il presidente De Laurentiis non se lo filò proprio.
Ma Frederic è tosto, ha un sogno da coronare e ci riprova l'anno dopo. E' giugno del 2012 quando un amico di un amico gli ha detto che al Napoli piace Sissokò del Tolosa, suo assistito, ma nessuno lo ha telefonato. Allora lui si affretta a dichiarare pubblicamente che:

"Sissoko è sul mercato, ha un solo anno di contratto e costa sui 6-7 milioni di euro, ma in tutta onestà il club partenopeo non mi ha mai cercato".

Cattivissimo Napoli che una telefonata poteva pur fargliela.
Ma ecco che si apre uno spiraglio: estate 2013, il Napoli con Benitez, dopo gli acquisti di Higuain e Reina, pare interessato a Gonalons. Frederic Guerra scalpita ma il Lione dice no. Secondo Frederic anche il suo assistito era in difficoltà:

"Max si sentiva fragile, non abbastanza pronto per affrontare la concorrenza che avrebbe trovato una volta trasferitosi al Napoli. Vuole proseguire la sua maturazione in Ligue 1".

Quindi si trattava di un problema di maturazione del calciatore.
Ma poi un mese dopo scopriamo che è stato il Napoli a dimenticarsi di Gonalons. Sempre alla sua amata *Radio Crc* l' 8/10/2013 dichiara:

"In estate ho avuto qualche colloquio con Bigon , ma poi non ho sen-

tito più nessuno. Non so dire quindi se il Napoli sia ancora interessato al ragazzo."

Per poi chiudere con un invito a Bigon che suscita tenerezza: "*Se Bigon chiama? Prendo il primo aereo per venire a Napoli*".
E Bigon chiama: è tutto fatto. Frederic prepara le valigie, prenota l'aereo, avverte i parenti ma il Lione dice no. Frederic è infuriato. Il 09/01/2014 a radio Crc dice:

"*Maxime voleva venire, avevamo chiuso con il Napoli e c'era accordo su tutto. L'allenatore del Lione si è arrabbiato ed ha costretto Aulas a rifiutare l'offerta del Napoli, anche il presidente non è stato contento. Il ragazzo ci è rimasto malissimo, anche Revelliere si era mosso per convincere il calciatore*".

E passa anche il mercato di gennaio; ma Frederic ha sangue napoletano, non si arrende. Il 24 aprile 2014, sempre ai microfoni di Auriemma, getta i semi per il mercato estivo e rilancia:

"*Maxime è vicino al Napoli. Il Napoli vuole Gonalons, ma Aulas ha detto no. In gennaio la trattativa è naufragata, ma in estate ci saranno nuovi contatti a cifre diverse: si dovrà imbastire una nuova trattativa*".

Incalzato dal giornalista sul gradimento della piazza napoletana per il suo assistito, l'agente puntualizza: "*Certo che vuole Napoli. Io ci ho parlato tanto, lui sarebbe contento di venire a mangiare da Ciro*".
Nel frattempo, per sicurezza, prova a piazzarne altri 2: "*Umtiti? Verrebbe a Napoli volentieri. Grenier? Ha visto molte partite del Napoli e sarebbe la città adatta per lui*".
E' euforico Guerra, tanto da prendere l'aereo e correre a Napoli: "*Domani arriverò in città*". Tutto pronto allora. Biglietti aerei, famiglia avvertita e tavolo da Ciro prenotato. Il sogno sta per coronarsi quando arriva la doccia fredda della Ssc Napoli che il 25/04/2014 comunica: "*Non è in programma alcun incontro con*

l'agente del giocatore". Una storia triste, davvero.
Che termina il 2 luglio 2014 quando il presidente del Lione chiude le trattative e Guerra si rassegna: "*un giocatore è un dipendente, non può commentare il suo datore di lavoro*".
Fine della storia tra Gonalons e il Napoli.
Piccola nota: a questa data Gomorra in Francia non era ancora stata trasmessa (sarebbe andata in onda il 19 gennaio 2015).
Ma quando tutto sembra finito ecco arrivare la sorpresa: a luglio 2016 De Laurentiis spara forte per Tolisso e offre 26 milioni ad Aulas, che valuta. Per Guerra è l'occasione della vita, potrà finalmente andare a mangiare da *Ciro*. Ma il Lione resiste, vuole trattenere il giocatore che ha solo 22 anni e pensa di dover crescere ancora. Infatti non andrà in nessun'altra squadra, altro che Gomorra.
E Guerra non andrà a mangiare da *Ciro*.
Ma il 17/03/2017, Guerra ha un ultimo sussulto.
Comincia già ad accennare alla brutta reputazione di Napoli, che ora odia come si odia la donna che si ama e ti rifiuta sistematicamente, ma che in fondo desidera sempre. Tanto da parlare ancora di Gonalons, che a Napoli manco se lo ricordavano più: "*Se Gonalons volesse andare a Napoli adesso non sono sicuro che i napoletani lo accettino*". E faceva bene a pensarlo, considerando pure che il buon Gonalons all'epoca già viaggiava per i 30. Ma fortunatamente l'anno dopo ci ha pensato la Roma a garantire un posto al suo assistito in Italia dove la vita non è certo come quella di Gomorra.
O forse, semplicemente, in Francia non avevano mandato ancora in onda *Romanzo Criminale*.

La Gazzetta dello Sport | CALCIO

NAPOLI | IL RETROSCENA

L'agente: "Tolisso rifiutò il Napoli. Per colpa di Gomorra..."

Frederic Guerra, che rappresenta anche Gonalons: "Tolisso è stato a un passo dal Napoli, ma dopo aver visto la famosa serie Tv ha pensato che si vivesse male e ha rifiutato"

I MISERABILI FESTEGGIANO

19 giugno 2017. Siamo nel 'dopo Cardiff', quando la Juventus perse la finale di Champions League con il Real Madrid. Per qualche ragione incomprensibile, per qualche inspiegabile recondito motivo, mezza Italia festeggiò la sconfitta dei bianconeri.
A Napoli, forse, ancor più con vigore. Ed ovviamente la stampa anziché prendere atto che un calcio corrotto e viziato nelle regole aveva stancato a tal punto da far tifare tante gente contro una squadra italiana, preferì giudicare e ammonire la massa, anzi il popolo napoletano. Perché sempre lì si va a finire.
Scesero in campo pensatori e intellettuali di primissimo piano, da Giampiero Mughini a Paolo Bargiggia, da Selvaggia Lucarelli fino a Gianluigi Buffon. La Lucarelli, come detto prima, twittò: "*qualche coglione napoletano festeggia la sconfitta della Juve*".
Il quasi premio Nobel prestato al mondo dell'opinionismo sportivo Giampiero Mughini disse: "*i napoletani che non si sentono italiani li disprezzo*". Il giornalista sportivo di punta della redazione di Mediaset Premium Paolo Bargiggia invece la prese piano cinguettando: "*siete un popolo bue, che merita la sottomissione...siete dei Signor Nessuno, mai primi in niente*".
Mentre per il portiere bianconero gli italiani che non avevano tifato per la Juventus erano dei "*miserabili*".
Ma che nessuno si offenda, chiaramente. Essere disprezzati e chiamati 'coglioni', 'miserabili' e 'popolo bue' è dialettica costruttiva, di confronto, mica sono ingiurie. Specie se a parlare sono personaggi di questo spessore. Giornalisti o sedicenti tali indifferenti al razzismo dilagante negli stadi, ai cori discriminatori verso i napoletani, agli striscioni vergogna auguranti morte e dolore, ma indignati dai 'festeggiamenti'. Dai caroselli.
Verrebbe da ridere, se non ci fosse da piangere.
Ma a Napoli non puoi nemmeno piangere, ovviamente.

BARGIGGIA E I NAPOLETANI

L'occasione è propizia per approfondire il profilo di Paolo Bargiggia, giornalista sportivo di *Mediaset Premium* che è, come si dice a Napoli, 'carta conosciuta'. Ma i suoi datori di lavoro in realtà l'hanno scoperto solo di recente.
14 luglio 2018. A far sobbalzare i vertici di *Sport Mediaset* un tweet del barbuto giornalista sulla finale dei mondiali tra Croazia e Francia che recita:

"Una nazionale completamente autoctona, un popolo di 4 milioni di abitanti, identitario, fiero e sovranista: la Croazia, contro un melting pop di razze e religioni, dove il concetto di nazione e Patria é piuttosto relativo: la Francia" (Melting poP, scrive proprio così).

Pronta la replica di Mediaset:

"Tgcom24.it e Sportmediaset.it si dissociano fermamente dalle affermazioni dal tenore e dal contenuto razzista pubblicate da Paolo Bargiggia sul suo account personale di Twitter, in particolare quelle legate alla finale mondiale tra Francia e Croazia".

Bravi, bene, bis. Ora, però, appurato che hanno preso coscienza

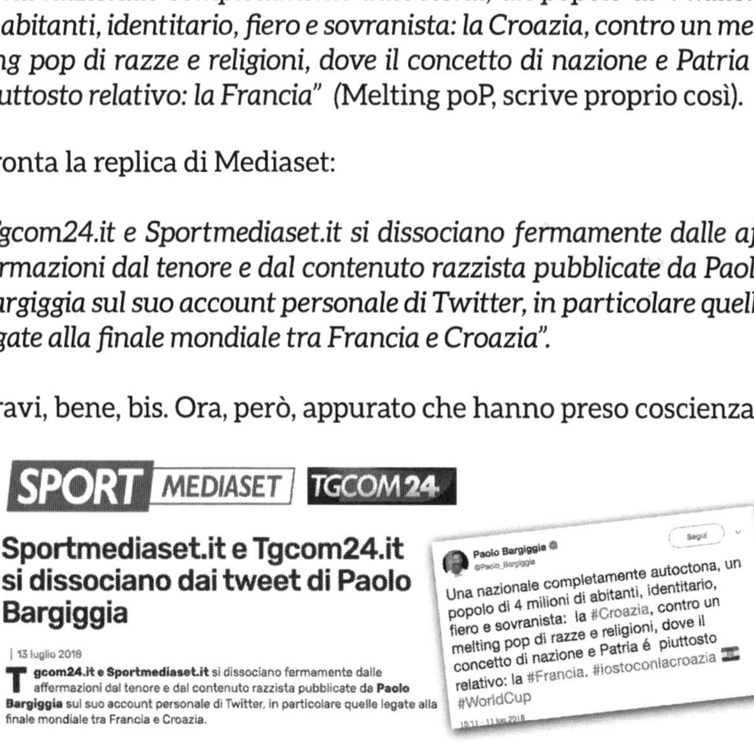
SPORT MEDIASET TGCOM24

Sportmediaset.it e Tgcom24.it si dissociano dai tweet di Paolo Bargiggia

13 luglio 2018

Tgcom24.it e Sportmediaset.it si dissociano fermamente dalle affermazioni dal tenore e dal contenuto razzista pubblicate da **Paolo Bargiggia** sul suo account personale di Twitter, in particolare quelle legate alla finale mondiale tra Francia e Croazia.

Paolo Bargiggia
@Paolo_Bargiggia
Segui

Una nazionale completamente autoctona, un popolo di 4 milioni di abitanti, identitario, fiero e sovranista: la #Croazia, contro un melting pop di razze e religioni, dove il concetto di nazione e Patria é piuttosto relativo: la #Francia. #iostoconlacroazia #WorldCup

15:11 - 11 lug 2018

che Bargiggia lavora per loro e che gli sproloqui che vomita ricadono indirettamente su loro stessi, viene da domandarsi: dove erano fino a ieri? Forse, con tutto il rispetto per i francesi, i napoletani contano meno? Erano forse in ferie quando il loro giornalista, come detto prima, definì i napoletani dopo la sconfitta della Juventus a Cardiff:
"*un popolo bue, che merita la sottomissione...siete dei Signor Nessuno, mai primi in niente?*" Oppure: "*gente disperata che si attacca a una squadra per sentirsi viva. Perché senza identità, ruolo sociale*".
O quando descrisse i napoletani come: "*merluzzetti che abboccano nel mare di Mergellina...Basta pasturarli con mezzo vermetto*". E tutto questo in una città, a sentir lui, "*infestata dai pidocchi*".
Forse erano stati frenati dal timore di contrariare "*l'Italian journalist, expert in Transfermarkt*" come si autodefinisce su Twitter (scritto in inglese nell'attesa che il *Times* si accorga di lui), ed in tal caso si possono comprendere le loro remore: non è che nasce tutti giorni un esperto del genere. Uno "*dei massimi esperti di calciomercato in Italia*", come dichiarò nel 2006, quando condusse una battaglia verso i giornalisti 'tifosi' rei di infangare la categoria.
Pur non nascondendo un passato da ultras della Juventus, diceva: "*Il tifo e' una cosa, la professione un'altra*". Ed infatti la sua attività professionale ha generato una lunga serie di scoop che l'hanno portato ad essere la punta di diamante di Sport Mediaset e che tutti noi portiamo nel cuore. Come quando nel 2009 si rivolse a Mourinho: "*Inter, sei folle se vendi Acquafresca e prendi Milito*".
Indimenticabile anche quando rivelò che il ct della Fiorentina Sousa aveva lasciato la sua squadra: "*casa liberata e mobili spediti in Portogallo*". Peccato che di vero c'era solo il trasloco, ma era di 2 isolati. O quando, dopo aver predetto l'addio di Cavani al Napoli diverse volte, a giugno 2013 sentenziò: "*Cavani resterà a Napoli, la clausola è troppo alta*".
E infatti poche ore dopo la clausola la pagò il Paris Saint-Germain.
O quando, a giugno del 2018, riuscì nell'impresa di prevedere Ancelotti lontano da Napoli ("*Ancelotti si allontana da Napoli,*

probabile ritorno in Canada") mentre lo stesso aveva già firmato con il Napoli. Roba che se non sei un 'expert in Transfermarkt' e quando ci riesci.
Se invece non è di questo che si tratta speriamo davvero che non sia che le offese a Napoli risultino più tollerabili delle altre, come limpidamente sembra. Perché, con tutta l'ironia della quale siamo dotati, non è che quando si sputa da queste parti dobbiamo pensare sempre che piove.
Bargiggia tornerà poi ad occuparsi di Napoli e del Napoli il 25 luglio 2019 , sempre a mezzo tweet:

"la cultura sportiva e lo spessore del Napoli la si vede quando alla fine della presentazione della squadra a Dimaro, i giocatori e il pubblico intonano: chi non salta bianconero è... - complimenti".

Che vergogna, effettivamente, questi cafoni saltellanti.
Non potevano limitarsi a invocare eruzioni e stermini di massa come tutti i tifosi civili? Di questo passo dove andremo a finire?
Ma i più maligni ritengono la provocazione solo un pretesto gratuito per accendere la schermaglia con il club partenopeo e poi pubblicizzare la sua ultima fatica editoriale: *"I segreti del calciomercato"*. Un libro che, non ho dubbi, tutti si saranno affrettati a leggere, per quanto il segreto più grande resterà sempre lo stesso: chi lo ha fatto diventare giornalista?

IL FOGLIO: QUANDO NEANCHE I COMPLIMENTI GLI RIESCONO

3 luglio 2017. Il quotidiano *Il Foglio*, a firma del vicedirettore Maurizio Crippa, lancia in prima pagina gli elogi alla gestione societaria del Calcio Napoli, tessendo le lodi di De Laurentiis. Finalmente un po' di complimenti all'ombra del Vesuvio.
E infatti lo fa con il suo proverbiale sentimento nazionale unitario; si comincia con lo sgomento per le contestazioni che parte della tifoseria riservano al presidente perché:

"*Napoli non vale Milano dal punto di vista dell'organizzazione generale e del conto economico...e a dirla tutta anche per sindaci e certuni magistrati Milano è messa meglio...ma il calcio oggi come oggi no. Il Napoli SSC è un fior di squadra, miglior calcio, campioni ecc.*".

Praticamente facciamo sempre schifo, ma almeno una cosa funziona. Solo che l'unica cosa che funziona, visto che siamo ebeti, non la comprendiamo. Poi si elogia un allenatore bravissimo (Sarri) ma "*esteticamente impresentabile*" (un'osservazione fondamentale per il senso dell'articolo) e la società con i conti in ordine e senza debiti. L'estensore del mirabile pezzo poi si domanda se una Società così ben gestita, a Napoli sia "*una casualità o un modello*". Già, perché fare le cose bene a Napoli può essere solo un caso, ovviamente. E se De Laurentiis fosse un modello, trattasi di "*modello anomalo per Napoli... perchè ragiona e agisce come un imprenditore del Nordest: sgobbare, produrre, rigare diritto*" (a Napoli lo sappiamo tutti che ci svegliamo a mezzogiorno e non abbiamo mai lavorato, delinquendo quando ci è possibile).
E quindi: "*il Napoli gestito come un'azienda PADANA è un bel modello. Se il resto della città, invece di chiagnere, facesse come lui*".
Tutto chiaro. Se un'azienda è gestita bene o è un caso o copia le

aziende padane, ma i napoletani non si salveranno per questo, resteranno sempre i soliti piagnoni.
Questo è toccato leggere ai pochissimi acquirenti del Foglio, ovviamente per anni beneficiario dei contributi statali per l'editoria. Quel quotidiano nazionale diretto storicamente Da Giuliano Ferrara (fino al 2015) facente capo a vari personaggi, tra i quali Denis Verdini che ricordiamo per essere stato: rinviato a giudizio per corruzione (caso della P3) - condannato in primo grado a 9 anni per truffa e bancarotta (caso Credito Cooperativo Fiorentino) - rinviato a giudizio per finanziamento illecito e truffa (Caso dell'immobile in via della Stamperia) - rinviato a giudizio con l'accusa di bancarotta fraudolenta (caso Toscana Edizioni) - condannato a 2 anni di reclusione con pena sospesa per concorso in corruzione (appalto della Scuola Marescialli) e mi fermo perché la lista è lunga. Altre quote sono state per anni nella disponibilità di Paolo Berlusconi che, per par condicio, è stato condannato in via definitiva per false fatturazioni oltre a una lunga serie di patteggiamenti per i più svariati reati (falso in bilancio, truffa e corruzione, ecc.). Perché se un giornale parla di 'modelli imprenditoriali' è giusto sempre dare il buon esempio.
L'estensore dell'articolo è il vicedirettore Maurizio Crippa, nato a Milano, "*orgoglioso milanese metropolitano*" come si legge nella sua presentazione sul sito. Non ha scritto libri e ci spiega il motivo: "*perché scrivere brutti libri nuovi quando ci sono ancora tanti libri vecchi belli da leggere?* (bravo Maurizio) e "*insegue da tempo il sogno di saper usare i social media, ma poi grazie a Dio si ravvede.*"
Grazie a Dio, davvero.
Che dire, se il presidente del Napoli gestisce virtuosamente la Società sarà di certo per i sani riferimenti padani, come le nobili gestioni proprio delle Società calcistiche di Milano.
Come l'Inter di Moratti, che ha versato in 21 anni 1,2 miliardi di euro per ripianare i buchi di bilancio o il Milan di Berlusconi che in 31 anni ci ha rimesso 900 milioni di euro (28 milioni a stagione di media). Guardando s'impara.
Magari può provare anche lei, vicedirettore, a guardare gli altri per imparare. A scrivere.

NAPOLI VS NIZZA NELLA CAPITALE MONDIALE DELLA MAFIA

05 agosto 2017.
Mancano pochi giorni al match tra Napoli e Nizza che vale un posto in Champions League e il sito francese *Nicematin* fa da guida turistica per i francesi diretti a Napoli.
Un lungo vademecum su cosa fare, dove andare e cosa mangiare, ovviamente "*lasciando a casa i Rolex*" perché, e lo scrive proprio nella presentazione della cittá, "*Napoli è il regno di Maradona, la patria della pizza e* ***la capitale mondiale della mafia.***"
Nemmeno il tempo di riprenderci dalla scoperta fatta dal *Sun* che ci collocava come pericolositá tra Raqqa e Mogadiscio, nella top ten delle cittá-inferno, che i cugini d'oltralpe ci eleggono ufficialmente capitale mondiale della mafia.

nice-matin

Football > Déplacement, accueil, ambiance sur ...

Le golfe de Naples, et en arrière-plan le Vésuve. Photo DR / Office du tourisme italien

A peine le tirage au sort effectué, la date est tombée: c'est mercredi 16 août (20h45) que l'OGC Nice disputera la première manche de sa double confrontation avec Naples en barrage de Ligue des Champions.

Un match qui tombe au lendemain d'un jour férié et qui pourrait donc permettre un mini-séjour dans la capitale de la Campanie, berceau de la pizza, royaume de Maradona et capitale mondiale de la mafia.

Stavolta non ce la giochiamo con nessuno, siamo i primi.
Queste sì che sono soddisfazioni. I francesi quindi sono avvisati; se decidono di lasciare la loro tranquilla oasi di felicitá sanno a cosa vanno incontro. Altro che i tranquilli clan 'islamo-mafiosi' evidenziati dalla polizia francese qualche anno fa; quei cartelli che uniscono, a Marsiglia e a Nizza, i clan della droga agli islamici-estremisti. Altro che "*scippi in motorino e appalti dal grilletto facile*" come riporta la cronaca. Altro che la piaga dei 'vol à la portière' i bravissimi criminali di Nizza con la loro invidiabile tecnica fatta di furti in auto al semaforo, botte da orbi ai turisti che accennano a reagire e fuga verso i quartieri 'santuari' notoriamente omertosi. Furti che nonostante le 160 telecamere di sicurezza viaggiano alla media di 100/150 al mese (denunciati) e gran parte delle vittime sono turisti italiani. Se volete il crimine vero, mafia, terrorismo, truffe, rapine e bombe a mano sganciate dai balconi dovete venire a Napoli.
Anzi non dovete venirci. Non sia mai doveste scoprire che si sta bene, dopo come lo raccontate in giro?
P.S. A seguito delle vibranti proteste di noi piagnoni il sito francese ha poi modificato l'articolo, declassandoci dal posto di capitale mondiale. Un altro primato perso.

ANTIDOPING: LA VERIFICA DELL'IRREALE

19 novembre 2017.
Siamo alla tredicesima giornata di campionato e il Napoli è primo in classifica, con la partenza migliore nella storia della Serie A fino ad allora. Inevitabile che se ne parli e che anche la città venga raccontata. E a farlo è la tv di Stato con una trasmissione dal nome *Antidoping*, andata in onda il 19 novembre su Rai 2 condotta da Alessandro Antinelli.
"*La verifica del reale*", così viene presentato il programma. "Cavolo", penso, questi saranno professionisti che i fatti li raccontano come si deve. "*Usiamo la consapevolezza, per raccontare Napoli che vuole regnare*", esordisce il conduttore.
Bene, perché di racconti stereotipati e infarciti di luoghi comuni ne abbiamo piene le tasche. Adesso si 'verifica il reale' e nel resto d'Italia sapranno qualcosa in più del Napoli e di Napoli.
E cosa ci viene detto in questi 30 minuti? Come è presentata Napoli? Ve lo racconto subito. Si parte prima con il ricordo di Maradona e si ripercorrono quei tempi; ma è solo un diversivo, perché l'argomento al quale si arriva subito è la camorra a Napoli.
Con il contributo di Leandro Del Gaudio, giornalista de *Il Mattino*, si parla del campionato dopo il primo scudetto, quello vinto dal Milan (1987/88). E con la somma di ipotesi e 'sentito dire' si costruisce una storia la quale racconta, in sostanza, che il Napoli si è venduto lo scudetto alla camorra. Vanno lette con attenzione le parole di Del Gaudio:

"Lo dico da cronista prima ancora che da cittadino, c'era un patto tra la città e la malanapoli, la camorra ha agito nei confronti del Calcio Napoli, io sono sicuro del pressing della criminalità nell'88 quando il Napoli perse il secondo scudetto".

Salvo poi aggiungere: *"ma non ho le prove, altrimenti ci scriverei un libro"*. Scuola di giornalismo.
Ovviamente le prove, oltre a Del Gaudio, non ce le ha nessuno. Perché per 30 anni tutti noi tifosi abbiamo cercato di capire se ci fosse stato qualcosa di losco in quella triste annata.
E quando l'anno dopo diversi giocatori vennero ceduti dalla Società, tutti noi pensammo fossero loro i colpevoli di un patto scellerato.
Ma Ferlaino, che anni dopo spontaneamente ha raccontato aneddoti che sarebbero rimasti sconosciuti, come il contratto di Maradona depositato fuori dai termini e lo scambio delle urine per evitare che l'argentino risultasse positivo ai controlli antidoping, di quel secondo scudetto perso ha sempre detto di aver indagato ma non aver scoperto nulla. Che la colpa era di una rivolta dello spogliatoio verso Bianchi.
E in quel caso lui sarebbe stato vittima e non colpevole, come invece lo era delle altre cose limpidamente ammesse.
Io però qualche ricerca l'ho fatta e la storia che ne esce fuori è un po' diversa. Non ci ho scritto un libro intero, ma le dedico il paragrafo successivo a questo.
Il servizio intanto continua con le note foto di Maradona nella vasca a conchiglia dei boss che, sempre secondo Del Gaudio, *"attestavano di un patto scellerato tra Diego e il potere criminale di Napoli"*. Come se ti sei fatto una foto con Bush e hai bombardato anche tu l'Iraq.
Il conduttore si riallaccia e ripercorre i business della camorra, i 'presunti' rapporti con i giocatori e porta a supporto le dichiarazioni di Nando De Napoli e soprattutto di Ciro Muro che in realtà, specie il secondo, la raccontano molto diversamente.
Ma quello è il Napoli di ieri. E il Napoli di oggi?
Raccontato con l'elenco delle rapine subite dai giocatori; ci fanno proprio la diapositiva. Per Del Gaudio i giocatori nel Napoli non denunciano ma ricorrono all'amico per recuperare il maltolto. A sostegno della tesi, ovviamente, lo stesso fumo di prima.
Da Maradona e i boss, a Lavezzi e i boss. E giù con il patto tra Lavezzi e Lo Russo. Lavezzi, che ha più volte dichiarato che co-

nosceva Lo Russo come capo tifoso, di quale patto si sarebbe reso colpevole? Cosa avrebbe chiesto? Uno striscione in curva: "*Il pocho non si tocca*". A questo si è giunto.
Poi passano a raccontare la città, la gente.
Accuratamente selezionati gli incolpevoli intervistati, che raccontano il loro rito prima della partita di baciare una cappella votiva di Maradona (per tre volte) e poi, non sanno spiegarsi perchè, il Napoli davvero vince le partite.
Scooter nei vicoli e musica tetra che Gomorra sembra una favola Disney. Intervista a Messina dei 99 Posse ma fatta nel ristorante *da Nennella:* una scelta accurata.
Noi napoletani conosciamo il caratteristico posto e l'esuberante atteggiamento del padrone di casa: un'icona partenopea, un bravo barzellettiere, ma nel servizio nulla viene specificato, pertanto si può pensare che sia normale, in ogni ristorante partenopeo, essere accolti con urla sguaiate.
Poi si passa al cimitero delle fontanelle, e si racconta che i Napoletani accorrono a frotte a chiedere ai teschi la grazia che il Napoli vinca lo scudetto. Non si capisce se con la pizza in bocca o il mandolino in mano, ma siamo lì.
E arriviamo al Napoli di oggi. Ora gli atleti sembra non subiscono più furti e questa è la prova evidente (?), secondo Del Gaudio, di un patto tra la Napoli bene e la Napoli dei vicoli.
Chiaro? Se subiscono furti è la prova evidente che la criminalità agisce sul Napoli. Se non subiscono furti è sempre la prova evidente che la criminalità agisce sul Napoli.
Alla società viene riconosciuto, quantomeno, un ruolo nel 'blindare' i propri giocatori da contatti e frequentazioni ambigue, per "*garantire a Sarri la vittoria*". Mille grazie per il premio di consolazione.
Ed eravamo solo alla tredicesima giornata. Fortunatamente il Napoli non ha poi vinto lo scudetto, altrimenti il servizio successivo sarebbe stato già pronto, e magari avremmo scoperto che l'Isis era nato a Napoli.

LA BUFALA DELLO SCUDETTO VENDUTO

Come detto prima, nella puntata di *Antidoping* uno dei temi centrali era il presunto scudetto 'venduto' dal Napoli alla malavita nel 1988.
Antinelli ci racconta che all'epoca i boss della camorra erano felici per i business collegati al Napoli come i parcheggi, i biglietti e le scommesse. A sostenerlo, il cronista de *Il Mattino* Leandro Del Gaudio, che dichiara:

"La camorra ha agito nei confronti del Calcio Napoli. Lo dico da cronista prima ancora che da cittadino. C'era un patto tra la città e la malanapoli, io sono sicuro del pressing della criminalità nell'88 quando il Napoli perse il secondo scudetto. Io sono sicuro che la camorra ci ha provato... ci fu un tentativo di abbracciare il Napoli e in effetti i giocatori non rimasero immuni da contatti con la camorra".

A supporto di questa tesi, come abbiamo letto, la foto di Maradona con i boss nella vasca a conchiglia e niente più.
Ma Antinelli incalza:

"E sì che va bene l'amore per il Napoli ma (per i boss) gli affari sono affari. E che affari. Stagione 87/88, l'inchiesta a cui fa riferimento Del Gaudio, con tanto di testimonianze dei pentiti, riconduce agli ambigui collegamenti tra Maradona e il clan Giuliano. Il Totonero l'avevano inventato loro e sul secondo scudetto erano STATI PUNTATI MILIARDI (ricordatevi questa frase) *e quindi il vero business sarebbe stato perderlo. Di qui la pressione su Diego Maradona e il clamoroso ribaltone".*

Letto bene? Perfetto.
Ora vediamo come sono andate realmente le cose.
Questa bufala, perché di bufala si tratta, nacque in realtà l'anno

prima, mentre il Napoli si accingeva a vincere il suo primo scudetto. La troviamo riassunta in maniera perfetta ed esaustiva in un'inchiesta di Franco Recanatesi per *Repubblica* il 21 aprile 1987 e che vi riassumo, integrando al resoconto informazioni tratte da due successivi articoli sempre per *Repubblica* di Francesco Rasulo il 12 marzo 1994 e di Giovanni Marino il 14 gennaio 1995.
La storia è questa: siamo ad aprile del 1987 e il Napoli che guida la classifica subisce una flessione di risultati. Di fianco alla naturale tesi del calo psicofisico si insinua una teoria: la camorra non vuole che il Napoli vinca lo scudetto.
Chi la insinua? I soliti giornali. Con quali prove? Nessuna.
Alcuni giornalisti dell'epoca sostengono che la camorra accettò scommesse per venti miliardi quotando il Napoli vincente 1 a 13, pertanto il tricolore avrebbe portato un crack da 260 miliardi.
Lo dichiara il 16 febbraio 1987, senza prove, il deputato missino Giulio Maceratini alla Commissione Giustizia.
Lo rilancia (senza aggiunta di prove) Il Sole 24 ore in prima pagina il 12 aprile 1987: "*Lo scudetto al Napoli sbanca il totonero*".

IL SOLE 24 ORE

LO SCUDETTO AL NAPOLI SBANCA IL TOTONERO

Scommesse clandestine

IL Sole 24 Ore | | 12 APRILE 1987 | Pilade del Buono

Ma già a dicembre del 1986 *Il Giornale di Napoli* nella sua edizione pomeridiana aveva lanciato l'allarme. Alla squadra mobile non ne sapevano nulla, ma essendo stato rotto il lunotto dell'auto di Maradona da una biglia, la polizia avviò un'inchiesta.
Matteo Cinque, capo della mobile, riferirà di non essere giunto a nessun risultato. Aria, fuffa.
La vicenda approdò fino al Parlamento grazie a un'interpellanza di Ugo Grippo, deputato-tifoso democristiano, ma al posto di Scalfaro fu Ottavio Bianchi a rispondergli: "*ma quali interferenze*", riferì agli inquirenti federali l'ex allenatore del Napoli.

La FIGC però volle vederci chiaro e infiltrò investigatori nella squadra: "*il pretore penale Alfredo Fino, ex sostituto della Procura di Napoli, si mischiò ai giocatori azzurri per tre trasferte consecutive, a cominciare da Milan-Napoli del 14 dicembre*" riferì Repubblica.
Nel frattempo il giudice istruttore del tribunale di Napoli Bruno D'Urso, che già aveva indagato sui clan e il gioco clandestino, interrogò tutti. Lo fece con mestiere, mettendoli a proprio agio, nelle loro case, in veste confidenziale. Andò da Bagni, da Maradona, da Ferlaino, da Garella, da Bruscolotti. Nessuno riferì minacce o intimidazioni. Garella fu ancora più esplicito:
"*Nel momento in cui mi accorgessi che la camorra si occupa in qualche modo di me, prenderei la macchina, ci infilerei moglie e figli e me ne tornerei al mio paesello. Non sono mica pagato per fare l' eroe*".
Il magistrato dichiarò:
"*Mostrarono completa incredulità. Ed erano sicuramente sinceri. Non solo non avevano subito alcun disturbo, ma neanche avevano dato alcun peso alle notizie pubblicate dai giornali. Per scrupolo, volli sentire anche polizia e carabinieri: le loro indagini erano ugualmente cadute nel vuoto. Due magistrati dell'equipe federale ebbero inoltre dei colloqui con alcuni operatori del totonero: garantirono tutti della falsità di quelle notizie, anche quelli di maggior fiducia...*".

Repubblica, che indagò a fondo, parlando con bookmakers del gioco clandestino di Secondigliano e Santa Lucia, ottenne sempre la stessa risposta: "*Non esiste questo tipo di giocata*". E aggiunge:
"*La scommessa sulla vittoria finale del campionato fatta a settembre presuppone il versamento della posta con nove mesi di anticipo sul risultato; e quindi una fiducia cieca su organizzazioni che in alcuni casi vacillano e spariscono*".

Perché a quei tempi la camorra imperava sul lotto clandestino, abbastanza su altri giochi ma molto meno sul totonero.
"*Il Totonero è una struttura polverizzata*", riferì il giudice D'Urso:
"*Esistono un' infinità di piccole e grandi organizzazioni, ben distinte l'una dall'altra. Qualcuna di esse, probabilmente, fa capo ad una fa-*

miglia camorrista, senza però coinvolgere l' intera organizzazione".

E allora, quei 200 e passa miliardi? Il giudice D' Urso taglia corto: *"Può riguardare un pezzetto di camorra, forse una famiglia che si è troppo esposta con le scommesse. Anche in questo caso, però, il Napoli non ha nulla da temere: una qualsiasi intrusione si scontrerebbe con la reazione violenta dell'intera organizzazione".*

Tutto questo, è il caso di ripeterlo, avveniva l'anno in cui il Napoli poi lo scudetto lo VINSE. In barba a tutte le voci, denunce e titoli di giornale che davano per certa la 'compravendita'.
Infatti già a marzo del 1987 il Corriere della Sera scriveva:
"Ha vinto il calcio contro il totonero. Circolavano voci sempre più insinuanti che, per via delle scommesse, il Napoli dovesse rinunziare al primo alloro tricolore della sua storia. Napoli ha vinto invece ormai questo scudetto".

Vince il pallone sul totonero e sulle chiacchiere
di GIORGIO DE RIENZO

Accantonata quindi la bufala e conquistato il tricolore si guarda avanti. L'anno dopo il Napoli si avvia alla conquista del secondo scudetto. Con 4 punti di vantaggio sul Milan, crolla nelle ultime 5 giornate raccogliendo un solo punto e consegnando lo scudetto ai rossoneri; la squadra infatti si era rivoltata contro il mister Ottavio Bianchi. Fecero addirittura un comunicato stampa contro l'allenatore. Maradona, che secondo Antinelli e Del Gaudio era quello che tratteneva i rapporti con i clan, fu probabilmente l'unico a non mollare mai.
"Avevo un grande Maradona e una grande squadra, ora ho solo un grande Maradona" dichiarò Bianchi dopo il match con il Verona.

Racconta Giordano:
"Diego aveva una mentalità vincente, voleva perdere tutto ma non una partita di calcio, figuriamoci quella partita. Durante la settimana intuì il declino della squadra, cercò di caricare l' ambiente con dichiarazioni forti, ma fu inutile".

Infatti scegliendo soprattutto le telecamere della Fininvest e interlocutori 'nemici', l' argentino non smise di parlare nei giorni che precedettero la partita:
"*Al San Paolo, domenica, non voglio vedere neanche una bandiera rossonera. Ci mangeremo il Milan, Berlusconi prepari la festa, sì, ma quella del secondo posto*".

Bagni dichiarò:
"*La squadra non si reggeva più, c'era stato un crollo atletico e l' allenatore aveva contribuito a creare del malumore stilando una lista di buoni e cattivi. Anche noi sapevamo di poter contare alla fine solo su Diego, perdemmo il campionato perché non ce la facevamo più, altro che storie di droga e di camorra*".

Bruscolotti disse:
"*Non diciamo scemenze. Non ci furono pressioni né della camorra né di nessun altro. Perdemmo quello scudetto per un calo atletico, e soprattutto perché qualcuno (parla di Bagni) volle giocare a tutti i costi anche se era chiaro che non era in condizione. Bianchi lo accontentò e questi furono i risultati*".

Bagni, Giordano, Garella, e Ferrario, i 'ribelli di maggio', (così furono definiti) furono poi ceduti da Ferlaino perché ritenuti tra i principali cospiratori e responsabili. Nel 1994 parlarono poi alcuni pentiti.
Rosario Viglione, imprenditore in carcere per spaccio, parla di un patto tra Berlusconi e Ferlaino: lo scudetto in cambio della possibilità di costruire palazzi a Milano. Nessun totonero.
Gli fa eco Pietro Pugliese, che conferma la matrice 'politica' di quello scudetto perso, l'accordo tra Berlusconi e Ferlaino. O meglio, Berlusconi che chiama Craxi, il quale chiama Gava, Di Donato e Pomicino, che a loro volta chiamano 'ambienti illegali' che pressano e il Napoli cede.
Ma quel verbale del 19 novembre 1994, dopo accurate indagini della Guardia di Finanza, fu archiviato perché ritenuto inattendibile, come si legge in "*Lucky Luciano-Intrighi, maneggi e scan-*

dali del padrone del calcio italiano Luciano Moggi - Kaos Edizioni".
La Federcalcio non aprì inchieste e il giudice D' Urso, all'epoca dei fatti collaboratore dell'Ufficio Indagini, dichiarò:
"*Nemmeno nell' 88 fu aperta un' inchiesta: nonostante le voci non riuscii ad accertare che la città fosse stata tradita dai calciatori, non in quella maniera, almeno. Indagammo ufficialmente l'anno prima, quando il Napoli vinse lo scudetto, perché un giornale aveva ipotizzato un tentativo di boicottaggio della camorra. Ma neanche in quella occasione trovammo elementi seri*".

Ora, per chi ha avuto la pazienza di leggere tutto, i fatti dovrebbero apparire chiari.
Per chi invece è poco interessato all'approfondimento e all'informazione, può chiedere alla Rai di tornare a mandare in onda '*Antidoping – la verifica del reale*'.

L'ONOREVOLE PINI E LE TRASFERTE ALL'ESTERO

4 gennaio 2018. Il Napoli è fuori dalla Coppa Italia; a decretarne l'uscita un'arcigna Atalanta che ci ha creduto veramente.
Ma lo spettacolo, più che in campo, è fuori dal campo.
Prima nel settore ospiti, dove alcuni supporters bergamaschi ci hanno portato la loro lezione di storia, noi che ne abbiamo tanto bisogno, inneggiando a Cesare Lombroso, noto per essere stato medico, antropologo, filosofo ma soprattutto il più grande cazzologo dell'800, con le sue teorie sull'inferiorità meridionale rivelatesi attendibili quanto la teoria sulla terra piatta o del sole che ci gira intorno.
Ma il top dell'eleganza va a un politico italiano: un parlamentare della Repubblica Italiana. Un altro che ha bisogno di far parlare di sé ed ha capito che solo nominando Napoli può riuscirci.
Gianluca Pini è il suo nome, Emilia Romagna la sua circoscrizione, Lega Nord il suo partito e Napoli la sua ossessione.
L'Atalanta vince e Pini esprime il suo sentimento unitario con un post su Facebook nel quale scrive:

"*Che soddisfazione vedere gli amici bergamaschi vincere* ***all'estero***".

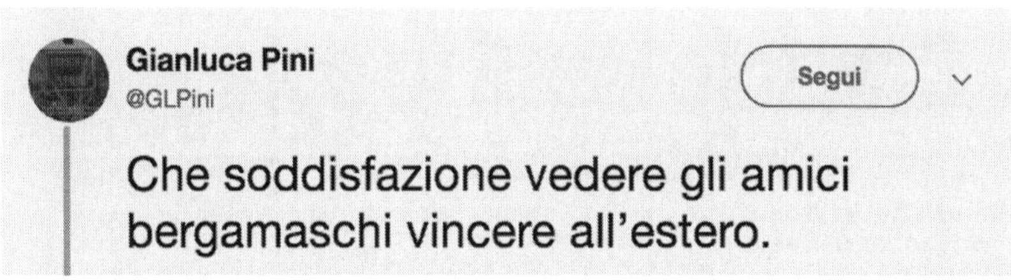

Non sappiamo se l'abbia letto anche Salvini, così impegnato in quei giorni a raccattare voti anche al Sud Italia, ma viene comunque giù un comprensibile putiferio.
Lui, che appartiene al gruppo di quelli che ce l'hanno duro, coe-

rentemente prima cancella il post, poi ne difende il contenuto:

"Devo dire che sono un po' perplesso dalla stupidità di certi 'tifosi' del Napoli".

La nostra colpa era, a suo avviso, di non aver capito la battuta. Poi il Napoli pochi giorni dopo in campionato si trova a riaffrontare l'Atalanta a Bergamo e vince. E visto che dodici anni in Parlamento non gli avevano dato la notorietà di quei giorni, il parlamentare rilancia:

"Tanto di cappello al Napoli per la vittoria in trasferta ***estera****. Auguri per lo scudetto..."*

Nasce così la curiosità di approfondire e conoscere meglio un uomo al quale è stato conferito il ruolo così prestigioso di Parlamentare della Repubblica Italiana. E scopri che da sempre Pini è stato uno 'tosto'. Uno che nel 1997, con la camicia verde, andò in spiaggia a Cesenatico; era di 'ronda'. Troppi extracomunitari in giro e lui doveva fare la sua parte. Casino, urla, poi arriva la polizia e Pini oltraggia le forze dell'ordine e viene quindi denunciato; ma lui non ci sta:

"Denunciano me anzichè i clandestini, io che PAGO LE TASSE"

Fallito il blitz contro extracomunitari e forze dell'ordine che non li contrasterebbero

Camicie verdi in spiaggia

Cesenatico: i bagnanti con gli abusivi, denunciato segretario leghista

«Erano in due contro un centinaio di abusivi — ha detto Pini —, così ho fatto presente che era il caso di chiedere rinforzi, fare sgomberare i venditori abusivi e sequestrare la merce. Non hanno fatto nulla di tutto questo, anzi mi hanno denunciato. Invece che con i clandestini l'hanno fatto con un cittadino che paga le tasse.

Uno che nel 2010 si indignò quando scoprì che un collega si faceva pagare le multe stradali dal partito: *"io le multe le pago di tasca*

mia" urlò l'allora segretario della Lega in Romagna (*Corriere della Sera - 26/06/2010*). Uno di quelli che la legge la rispetta.
Infatti quando nel 2006 lo convoca la guardia di Finanza perché in un'azienda produttrice di fatture false ne trovano una di 215.000 euro intestata a una sua società lui rinvia per 'impegni politici'. Si presenterà un anno dopo mostrando una denuncia per furto della contabilità aziendale e dato che in Italia è reato solo 'l'uso' di una fattura falsa, tutto bene.
Ma l'amore per la legge continua e appena viene varato lo scudo fiscale nel 2013 lui subito vuole partecipare provando a far rientrare 400.000 euro da una banca di San Marino.
Ma essendo fuori dai termini si inventa una storiella di un prestito del padre e viene incriminato di truffa aggravata ai danni dello Stato per aver fornito false attestazioni nella dichiarazione. I 400.000 euro sequestrati e lui condannato a 1 anno di reclusione (con pena sospesa).
Nel 2014 viene invece condannato a 2 anni per millantato credito (avrebbe incassato 15mila euro da un giovane figlio di un notaio, allo scopo di intercedere con pezzi grossi per farlo promuovere all'esame di abilitazione notarile) e rinviato a giudizio per evasione fiscale.
Nel 2015 poi viene accusato di bancarotta fraudolenta e bancarotta semplice. Per l'accusa aveva distratto dei soldi e dei beni da una società edile-immobiliare. Ma, ovviamente, saranno tutte dicerie. Ora, con un curriculum di questa portata, ricercare notorietà appare quantomeno paradossale, ma noi cinque minuti di gloria non li neghiamo a nessuno.
Complimenti quindi a Pini per lo stile e l'eleganza. Che continui pure a definire Napoli 'estero' ma speriamo non si confonda: se ha capitali da queste parti, lo scudo fiscale non vale.

DE TELEGRAAF: YOUNES E LA NAPOLI MAFIOSA

30 marzo 2018. Siamo nel vivo del campionato. Nel mercato di gennaio il Napoli prova a rinforzarsi con giocatori come Verdi e Politano, ma il primo rifiuta il trasferimento per concludere la stagione con il Bologna (verrà poi a Napoli a giugno) ed il secondo non si muove da Sassuolo per volontà della dirigenza, non si sa se quella del Sassuolo o della Juventus, visto che è proprio Marotta, allora direttore sportivo dei bianconeri, a comunicare la non volontà della dirigenza neroverde a imbastire la trattativa (Politano si trasferirà poi all'Inter nella sessione di mercato successiva ad un prezzo inferiore di quello offerto dal Napoli).
Ma il vero mistero è Younes. Il Napoli acquista il calciatore tedesco di origini libanesi dall'Arsenal per l'anno successivo, ma prova ad averlo subito per offrire a Sarri un rinforzo per la volata scudetto. Il giocatore arriva a Napoli, viene anche a vedere una partita allo stadio, poi si eclissa nel nulla. La prima scusa addotta è "mio nonno sta male", come quando ci interrogavano a scuola. Poi sembra provi a delegittimare il contratto firmato, senza fornire nessuna pubblica spiegazione a nessuno.
Forse perché attratto da altre offerte, forse non gli è piaciuta la città, forse non gli è piaciuto lo stadio o forse non gli è piaciuta la pizza.
Dettagli, che nemmeno ci interessavano.

De Telegraaf

'Younes oog in oog met Italiaanse maffiosi'

Door MIKE VERWEIJ 30 mrt. 2018 in SPORT

Il Napoli, forte di un contratto firmato per giugno, si sente al sicuro (e infatti il ragazzo si aggregherà l'anno dopo al gruppo azzurro). Restava da capire cosa fosse successo.
A pensarci è il prestigioso quotidiano olandese *De Telegraaf*, con un articolo a firma Mike Verweij. Finalmente è tutto chiaro.
Younes, dopo aver firmato con il Napoli, è scappato perché "*faccia a faccia con mafiosi italiani*" e per aver trovato Napoli una città "*povera e in stato di degrado*".
Non meritava il titolo dell'articolo invece un'altra motivazione presunta dal giornalista (la quale, se vera, sarebbe stata molto più plausibile) e cioè che Sarri, dopo averci parlato, non gli avrebbe garantito un posto da titolare nei 6 mesi a seguire, pregiudicandogli la possibilità di mettersi in vista per i Mondiali.
E tutta la stampa ci si è buttata sopra, con dolcissimi titoli come:

- *Younes dall'Olanda: non vengo a Napoli per la camorra* *(corrieredelmezzogiorno.corriere.it)*
- *Dall'Olanda: Younes via da Napoli per paura della camorra* *(ANSA)*
- *Younes, accuse shock dall'Olanda: "Via da Napoli dopo un incon tro con un gruppo di camorristi"* *(napoli.repubblica.it)*
- *Younes via da Napoli per paura della camorra* *(ilgazzettino.it)*
- *Napoli, Younes impaurito dai mafiosi* *(tuttomercatoweb.com)*
- *C'è la camorra dietro al 'no' al Napoli* *(sportal.it)*
- *Napoli, il faccia a faccia con i camorristi e Sarri: il no di Younes* *(calciomercato.com)*

Finalmente poi qualcuno ha deciso di approfondire (Radio CRC) ed ha ascoltato Mike Verweij, il quale dichiara:

"Ho provato a parlare per più di 2 mesi con Younes che però non mi ha mai voluto raccontare nulla, ho provato anche con Innocentin (procuratore), ma la risposta è stata la medesima. Quindi, ho per-

corso strade alternative, mi sono rivolto ai compagni di squadra e altre persone vicine a Younes ed è venuta fuori l'idea che ho scritto stamane sul Telegraaf".
Straordinario. Si tratta quindi di 'un'idea' del giornalista; senza fonti ufficiali. Di questo 'faccia a faccia' con i camorristi poi, nulla di nulla. Ma questo 'nulla' è bastato per far fare un discreto numero di titoli di giornale in Italia e nel mondo.
E visto che una larga fetta di lettori non va oltre il titolo di un articolo la frittata è fatta: un'altra non-notizia diventata notizia. Ovviamente nessuno ha pensato di rettificare il finto scoop, tanto mica l'avevano lanciato loro? Si erano limitati a riportarlo soltanto. Poi, pensare di chiedere la rettifica di una notizia a chi non si è preoccupato di verificarla è pretendere troppo.
A Napoli si dice "*vai cercanne a' salute o' spitale*".
Ora Younes è a Napoli, serenamente. Il degrado paventato lo avrà trovato, probabilmente. Ma solo su certi giornali.

DE LAURENTIIS E I LUOGHI COMUNI

15 agosto 2018. L'estate più rovente che si ricordi, nella quale il rapporto tra una consistente parte dei tifosi e Aurelio De Laurentiis raggiunge il massimo della frizione.
Al presidente del Napoli viene contestata la strategia di mercato, e la sua risposta non si fa attendere:

"Vogliono che io spenda i milioni, poi acquistano le maglie false a pochi euro, si fanno il 'pezzotto' per non pagare le partite di campionato e spingono ai tornelli. Che contestino pure, ma io ho tutto il diritto di contestare loro".

De Laurentiis intendeva sicuramente rivolgersi solo ad una parte della tifoseria, ai suoi più acerrimi contestatori, ma il messaggio veicolato dalla stampa è stato tutt'altro ed è rimbalzato in tutto il mondo. Dopo poche ore il web era infatti già invaso di commenti verso i napoletani pretenziosi e truffaldini; e che peccato che proprio da 'casa nostra' sia partito l'ennesimo assist a chi non aspetta altro che sputare fango su di noi.
Ora è innegabile che i fenomeni denunciati esistano, figuriamoci, ma di che portata sono? E sono tipicamente napoletani?
Proviamo ad analizzarli uno ad uno.

Questione '*pezzotto*'
Per 'pezzotto' si intende la visione 'pirata' dei canali sportivi e non solo, a pagamento.
A Napoli il fenomeno illegale ha la sua dimensione 'artigianale' con persone che offrono il servizio di installazione decoder richiedendo una quota mensile d'abbonamento. E' diffuso, tanto: sarebbe ipocrita negarlo. Ma chiunque è un pizzico più smanettone della media sa che che esistono migliaia di siti, forum e

gruppi che offrono in tutta Italia il servizio. Si pagano con Postepay o Skrill ogni mese.
Quanti sono? Un recente sondaggio di IPSOS quantifica in almeno 5 milioni gli italiani che si collegano abitualmente alle IPTV illegali. Davvero c'è qualcuno che pensa che siano tutti napoletani?
Provate a digitare 'IPTV Italia' su Google e troverete proprio gli annunci sponsorizzati che offrono il servizio.
Sono ovunque: camuffati da prodotti su Amazon, nei gruppi, sui forum. Il 18 settembre 2019 poi è stata condotta dalle procure di Napoli e Roma con Eurojust (agenzia di sicurezza dell'Unione europea) la più vasta operazione antipirateria nel settore delle IPTV illegali; erano 700.000 gli utenti collegati ed in 5 milioni per l'appunto stimati i fruitori.
La base operativa è stata individuata a Napoli, vero, ma i *reseller* (la rete commerciale collegata) avevano basi in Lombardia, Veneto, Campania, Puglia, Calabria e Sicilia.
Per non parlare di chi si collega sui vari *Rojadirecta* e altri siti similari che trasmettono le partite tramite canali esteri. Anche quelli tutti napoletani? Lo sa bene la Lega di Serie A che ha avviato una campagna contro la pirateria perché il fenomeno è dilagante ovunque.
Ma bisogna anche ricordare che Sky volle i diritti televisivi del Napoli fin dalla serie C e pagò all'epoca un milione di euro l'anno: perchè farlo se gli utenti che si abbonano regolarmente sono pochi?
De Laurentiis invece già 14 anni fa propose a Sky per le amichevoli un accordo a percentuale (70/30%) vendendo la partita agli utenti. Poteva, probabilmente prendersi un forfait da Sky e lasciarla trasmettere gratuitamente, ma lui sapeva che a Napoli c'era chi era disposto a pagare 5 o 10 euro per una partita e propose lo 'stadio virtuale'. Il sistema ha funzionato tanto che è proseguito fino ad oggi.
Abbiamo pagato 20 euro a partita su *Conto TV* per match come *Vllaznia-Napoli* o la partita di andata del terzo turno di Intertoto *Panionios-Napoli* nel 2008 che fu acquistata da 20.000 spettatori a 20 euro. *Napoli-Panionios*, la gara di ritorno, fu trasmessa da

Sky e acquistata a 10 euro da 75.000 persone.
Per Napoli Benfica invece fummo in 150.000 a versare 10 euro con incassi record. La visione pirata quindi non esiste? È un fenomeno marginale? Per niente. Esiste, è fortemente diffusa ed è anche culturalmente percepita come un lieve reato, problematica comune non solo a Napoli, non solo in Italia.
Ma di fianco a chi sceglie la via dell'illegalità, e non sono pochi, ci sono migliaia di persone che rispettano le regole. Numeri che agli occhi di chi investe sono apparsi più appetibili di altri, come spiegato.

Questione magliette taroccate

A Napoli si vendono le magliette taroccate? E' vero, verissimo.
Ed è vero anche che manca la 'cultura' di andare allo stadio con la maglietta originale (anche se questo è un problema più 'italiano' che napoletano). Ma è sempre una questione di 'platealità'.
Perché qui da noi è normale vedere bancarelle vendere prodotti non originali in strada. La tolleranza di chi è preposto ai relativi controlli offre il suo contributo a dare una percezione di legalità ad un fenomeno chiaramente illegale. Ma i numeri che dicono?
Dicono che la maglia del Napoli 2018-2019 ha fatto registrare un boom di vendite, grazie o nonostante i serpenti e le pantere stampati sopra; e quella del 2019-2020 anche, occupando su Amazon 3 posizioni nella top 10 dei capi della sezione calcio, ed il kit completo da gara è entrato nella top 100 della sezione sport.

La Società Sportiva Calcio Napoli ha twittato il 24 luglio 2018: *"L'eccezionale riscontro dei nostri tifosi e lo straordinario numero di ordini ha già fatto registrare il primo 'sold out' sul nostro store Amazon."*
Tra l'altro ad andare esaurite furono le maglie originali, quelle dal costo di 89 euro, e non le 'replica' che costavano molto meno.
Escludendo quindi che se la siano presa i tifosi delle altre squadre perché troppo bella c'è conferma di una larga parte di tifosi che mette mano alla tasca nel rispetto delle regole.
Le magliette false esistono, eccome, ed hanno il loro mer-

cato, perché se le producono qualcuno le comprerà. Come avrebbero comprato gli 80.000 falsi gadget della Juventus prodotti a Torino per la festa scudetto. Prodotti a Torino, non a Napoli, come riporta infatti *La Stampa* il 19 maggio 2018.
In quell'operazione la Guardia di Finanza sequestrò:
"20 macchinari industriali, apparati informatici, 60.000 imballi oltre a file e cliché relativi ai marchi registrati per un valore di oltre 770 mila euro".
Come avrebbero comprato i 250.000 falsi prodotti per la finale di Champions tra Juve e Real Madrid del 2017 se i finanzieri del Gruppo Torino non fossero intervenuti in tempo arrestandoli tutti, nell'ambito dell'Operazione *Leggenda*, il cui nome trae origine proprio dalla serigrafia della nuova t-shirt registrata dalla società Juventus.
Un'industria del falso che univa Calabria, Veneto e Piemonte e che ha portato alla denuncia per vendita di prodotti contraffatti, ricettazione e frode in commercio, 4 persone: un torinese, un biellese, un calabrese ed un veronese originario di Potenza.
Se fosse stata una barzelletta, ci avrebbero aggiunto di certo un napoletano.
Perché le centrali del falso esistono in tutta Italia e si rivolgono ai tifosi di tutte le squadre. Spesso sono addirittura spacciati per originali e venduti ai prezzi esorbitanti di mercato, per non parlare delle vendite di prodotti taroccati in rete. E' una piaga che spesso danneggia anche l'utente finale che viene raggirato.

Questione tornelli

I tifosi napoletani sarebbero quelli che in 4 spingono ai tornelli per entrare con un solo biglietto. Abbiamo già detto che De Laurentiis di certo intendeva riferirsi esclusivamente ad una piccola frangia di tifosi (che esiste eccome) ma la sintesi 'social' è stata diversa.
Ora chiunque frequenti lo stadio sa che non è più come qualche decennio fa: con i sistemi di prefiltraggio che ci sono arrivare in 4 al tornello senza biglietto è sinceramente complicato.
Questo non significa però che i 'portoghesi' non esistano, di certo.

In un modo o nell'altro cercano di infilarsi allo stadio senza pagare, rendendo complicata la visione della partita a tutte le migliaia di tifosi che il biglietto l'hanno acquistato; e quelli che acquistano regolarmente il biglietto non sono pochi.
Nel 2017/2018 la tifoseria partenopea è stata terza in Italia per numero di presenze allo stadio: 42.587 spettatori di media, dietro solo a Inter e Milan (e i dati si riferiscono ai paganti, ovviamente). Numeri che poi si ridurranno notevolmente nell'annata successiva (29.000 spettatori di media e settima posizione tra le squadre di Serie A) per una serie di fattori non certo legati al fatto che si entri in 4 con un biglietto.
Perché i napoletani, come tutte le persone perbene, il biglietto se lo acquistano. Poi ci sono i 'portoghesi', a Napoli come ovunque. A fare la differenza può essere solo il sistema di controllo che dovrebbe tutelare, oltre che il proprio incasso, anche tutti quelli che il biglietto lo pagano e sono le vittime dei disservizi.
A Napoli entrano più spettatori 'a sbafo' che in altre parti d'Italia? Anche su questo non sembrano esserci dati a conforto, ma prendiamolo per vero. Che venga, ripeto, potenziato il sistema di controllo, a garanzia soprattutto dei tifosi che questo disservizio lo pagano in termini di fruibilità. Perché il cuore del problema non è che a Napoli ci sono i 'portoghesi', ma che i napoletani pagano un regolare biglietto e non riescono ad usufruire di un decente servizio a causa di chi si crede più furbo e non viene fermato.
Perché quando lo stadio è pieno la società incassa comunque quello che prevedeva di incassare; sono i tifosi a vedersi male la partita perché la devono condividere con chi entra a sbafo.
Ma nell'immaginario collettivo non c'è purtroppo spazio per il napoletano che patisce un disservizio. Magicamente siamo sempre tutti complici di chi crea il disagio.

ILARIA D'AMICO E LA NAPOLI DEI "TRICCHEBALLACCHE"

10/04/2019.
Si gioca Ajax - Juventus, partita d'andata dei quarti di finale di Champions League. Dagli studi Sky Ilaria D'amico durante il prepartita è infastidita; pare infatti che durante la notte i tifosi olandesi abbiano disturbato il sonno di suo marito Gigi Buffon e dei suoi compagni con grida, canti e fuochi d'artificio.
Un atteggiamento maleducato? Un comportamento irrispettoso? No. Per la conduttrice si tratta di:
"approccio partenopeo da triccheballacche".
E' infatti noto in tutto il mondo che i napoletani sono soliti camminare per strada con il popolare strumento tra le mani, il 'triccheballacche' appunto, spesso con il mandolino a tracolla e la pizza in bocca.
E' un'usanza tipica qui al Sud e Ilaria lo sa bene, lei che di Sud ne capisce. Infatti il giorno prima, ai margini del match *Tottenham-Manchester,* parlando del calciatore *Son* ci ricorda che "*non viene da un regime democratico...*".
Paolo Condò e Costacurta presenti in studio provano a ricordarle che la dittatura è in Corea del Nord e non del Sud, la quale è invece una Repubblica, ma lei ci mette il carico, sostenendo che sempre di regimi si tratta. Vabbè, contenta lei.
In fondo da attenta osservatrice del popolo partenopeo Ilaria ne conosce tutte le usanze; come quando intervistò l'allenatore del Napoli Carlo Ancelotti il quale, elogiato da Fabio Capello presente in studio, stava per cedere ad un momento di commozione.
E se Capello invitava il collega a trattenere le lacrime, Ilaria sentì il bisogno di intervenire subito: "*ma no, Carlo, pianga, pianga pure che a Napoli le lacrime piacciono... anche a noi piacciono, noi siamo napoletani dentro*".

Ora che noi, come il marchesino del film Miseria e Nobiltà, "piangiamo la mattina, piangiamo a mezzogiorno e piangiamo la sera" ce lo ricordano da sempre in tutte le salse.
E sono, in fondo, le stesse lacrime che lady Buffon versò a Cardiff quando la Juve perse con il Real Madrid, ma non certo perché tifosa bianconera, ovviamente; era solo il suo essere un po' napoletana dentro che la portò a lacrimare copiosamente.
E sono di certo capziose le interpretazioni a sue dichiarazioni che la vorrebbero di fede juventina.
Come quando alla vigilia di Psg-Napoli ipotizzava goleade di Neymar, compagno di squadra del suo fidanzato allora in forza ai francesi. E' vero che la squadra italiana delle due in campo era il Napoli, ma sono dettagli.
O come nel post partita di Atletico Madrid- Juventus, quando provò a raccontare un altro match con una squadra, quella spagnola, "*alla quale non frega nulla di giocare male*" e Capello fu costretto a zittirla.
E di lapsus freudiano si sarà trattato anche quando, nella stessa giornata, disse: "*Noi della Juventus non conoscevamo il Wanda Metropolitano di Madrid...*".
Perché non esistono indizi che possano far ipotizzare simpatie della giornalista per i bianconeri.
Anzi, quella sera trovò anche il tempo di rimbrottare l'allenatore della Juventus Massimiliano Allegri sull'atteggiamento del giocatore Douglas Costa il quale, su un tentativo di fallo dell'avversario De Jong, rimase in piedi anziché rovinare fragorosamente a terra, come tradizione nella compagine bianconera (ma forse è meglio chiamarle "sceneggiate napoletane" altrimenti qualcuno si offende, anzi no, tanto ad offendersi sono solo i napoletani).
Ilaria dice ad Allegri: "*State diventando troppo onesti, li ha resi troppo onesti*". Ma mi sentirei di tranquillizzare la conduttrice perché è un rischio abbastanza difficile per una compagine che la storia ci racconta non essersi particolarmente distinta per correttezza ed onestà.
Il suo concetto di legalità appare effettivamente interessante.
Anni fa quando a *Dimartedì* il Magistrato Piercamillo Davigo

diceva che *"l'essere onesto è la condizione prioritaria per ricoprire qualsiasi carica pubblica"*, la D'Amico rispondeva cosi: *"Mi dispiace essere realista ma sopportare qualche corrotto è meglio che avere lo Stato rotto"*.
Ma tollerare qualche corrotto sarà solo apertura mentale, larghezza di vedute, non certo complicità.
Come, ad esempio, la tolleranza verso i cori razzisti indirizzati ciclicamente ai partenopei, spesso assenti dalla cronaca Sky.
Ma non pensiate a prevenzione verso i napoletani, vi prego.
Brava e professionale è da sempre attenta alle dinamiche del tifo partenopeo; come non dimenticare quando domandò a Sarri: *"Che effetto le fa vedere la sua immagine in curva accanto a quella di Maradona?"*, con riferimento ad una bandiera da sempre sventolata nel settore popolare. Peccato che ad essere ritratto nella stessa non era Sarri ma Pasquale D'Angelo, storico tifoso deceduto qualche tempo fa.
Succede, quando si lavora; e lei lo fa sodo da sempre. Non è certo una raccomandata qualunque. Lo disse tempo fa:

"Non sopporto le scorciatoie... oggi in televisione si cerca il successo facile... io ho una lunga gavetta alle spalle... se prevale la logica della raccomandazione mi rassegno. Questione di dignità".

Anche se poi lei stessa ammise che la sua carriera iniziò grazie ad una raccomandazione; quella del suo amico Arnaldo Santoro, autore di Renzo Arbore, che la chiamò per *La giostra dei Gol*, suo esordio in tv. E tutta la marea di voci che la vorrebbero essere stata 'aiutata' da Pier Silvio Berlusconi o altri sono 'inciuci' tipici del mondo gossip della tv. Ilaria è bella e brava; e occupa il posto che merita.
Quello al fianco di Gigi Buffon.

UNIVERSIADE 2019

03/07/2019.

Comincia l'Universiade 2019 di Napoli, una manifestazione imponente seconda solo alle Olimpiadi per importanza.

Ma i quotidiani italiani, compresi quelli sportivi, sembrano non accorgersene. Nessun richiamo in prima pagina né per la *Gazzetta*, né per *Tuttosport* (che se ne ricordò però 6 anni prima quando il Trentino ospitò le edizioni invernali dell'Universiade, evento minore) e solo un richiamino per il *Corriere dello Sport*.

18 discipline, 6000 partecipanti provenienti da 118 paesi e 220 medaglie assegnate ad altrettanti sportivi non erano stati un richiamo sufficiente.

Purtroppo non era esploso nessuno scandalo tangenti, non erano emersi sprechi e ancora non erano arrivate testimonianze di atleti rapinati e sequestrati e pertanto la cronaca nazionale sembrava poco interessata.

Colpa anche di un'organizzazione che si era permessa di far funzionare tutto abbastanza bene: consapevole del colpevole ritardo nell'avanzamento dei lavori (un anno prima era ancora tutto fermo) anziché seguire il consiglio del Governo che con il sottosegretario Giancarlo Giorgetti annunciò "*il passo di lato*" sfilandosi dal comitato organizzatore e proponendo un rinvio della manifestazione, ha tenuto duro impiegando al meglio le risorse messe a disposizione dalla Regione Campania (a loro volta provenienti dai Poc, finanziamenti europei, e dal '*Patto per lo sviluppo della Regione Campania*' stipulato con il Governo).

Circa 270 milioni non per opere faraoniche e/o inutili, ma per l'adeguamento degli impianti preesistenti i quali rimarranno alla città e alla Regione chiamate poi alla sfida di preservare il lavoro svolto. E il 3 luglio in un San Paolo dal vestito nuovo è cominciata l'Universiade con una cerimonia spettacolare e toccante.

La Rai ha mandato in onda la serata inaugurale impegnandosi a seguire l'evento con 60 ore dedicate sui suoi canali tematici.
Lo stadio era pieno con un pubblico entusiasta, partecipe e corretto, per il dispiacere di chi attendeva un sediolino divelto o un danneggiamento qualunque. I sediolini erano al loro posto e lì sono rimasti. Gioia, calore e colore.
Purtroppo hanno fatto più notizia, mediaticamente, i fischi a Sindaco e Governatore e quelli alle delegazioni di Francia e Germania, ma era il minimo che ci si potesse aspettare; per il resto, comunque, una gran festa.
La diretta Rai ha raccontato tutto, compreso il doveroso omaggio alla piccola Noemi (la bimba vittima di un proiettile vagante in una sparatoria avvenuta a Napoli) con relativi complimenti all'Ospedale Santobono per il miracolo compiuto. Parole giuste e calibrate: c'è lo sdegno per la tragedia e il cuore di una città vicina e solidale alla vittima. Poi interviene la conduttrice Fatima Trotta:

"E' impensabile aver paura di camminare per le strade di Napoli a causa di proiettili vaganti".

Quando vuoi dire la tua ma sarebbe meglio tacere. Perché ci sono modi e modi per far passare un messaggio senza allegarne un altro, ma serve professionalità, esperienza, mestiere: nel suo caso mancava tutto. Ma fortunatamente *Repubblica* ha subito battuto la notizia del furto di un telefonino ai danni di un atleta del Congo prontamente ripresa da un'infinità di testate e da quel momento l'Universiade a Napoli l'hanno conosciuta finalmente tutti. Cosa ci facesse poi quell'atleta, che neanche figurava accreditato, fuori dallo stadio mentre si svolgeva la cerimonia, non è mai stato chiarito.
Ma la manifestazione è andata avanti fino alla serata conclusiva, sempre allo stadio San Paolo: un bilancio indubbiamente positivo, sotto ogni aspetto. Lo conferma il premier Conte: "*Le Universiadi sono state una grande prova di Napoli e della Campania*".
Ed è vero: 12 giorni di gare, oltre 300mila biglietti staccati e 60

impianti ristrutturati. Quando a Napoli le cose filano per il verso giusto c'è sempre la sensazione che il tutto abbia un carattere d'eccezionalità; ed è anche comprensibile visto che da queste parti sembra difficile tutto.
E proprio per questo motivo ci si aspettava una narrazione enfatica, soprattutto perchè, come detto prima, lo Stato si era 'sfilato' ritenendo impossibile fare le cose per tempo e lasciando le amministrazioni locali sole a gestire l'evento.
Ora che erano state fatte, e bene, speravamo di passare all'incasso. Speravamo in titoli a tutta pagina per il 'miracolo' compiuto.
Ma è il nostro destino essere narrati come 'speciali' nelle nefandezze per tornare ad essere normali se virtuosi.
Altre polemiche hanno accompagnato la copertura mediatica offerta dalla Rai, ritenuta approssimata e insufficiente rispetto alla portata dell'evento. Dalla cerimonia d'apertura con la cronaca stereotipata dei commentatori come detto, a quella di chiusura trasmessa solo in differita con degli 'highlights' e in seconda serata, passando per le ramanzine del Tg1 a fine manifestazione che nell'esaltare la vittoria della città già teme che il successo raggiunto resti rapidamente un "*pallido ricordo*".
Polemiche partite in modalità social alle quali hanno fatto seguito interrogazioni, segnalazioni alla Commissione di Vigilanza Rai e sdegno del presidente del Corecom.
Ma se i 'risentimenti' vengono da Napoli, purtroppo è subito 'festival del piagnisteo'. Cosa avevamo da lamentarci in fondo? La Rai aveva offerto copertura mediatica essendo servizio pubblico, gli altri avevano invece giustamente ignorato l'evento perché non giudicato importante; perché è sempre stato così. Mica sono le olimpiadi.
Perché, scusate, prima d'ora mica le conoscevamo le Universiadi? Ora si sono svolte a Napoli e dovevano darci importanza? Ma chi ci crediamo di essere? Siamo sempre vittimisti, ci piangiamo addosso; così non ci riprenderemo mai.
Eh sì. Siamo sempre i soliti. Sono lontani i tempi quando l'Universiade si teneva a Roma, Torino, in Canada, Giappone, Russia e la Rai, che allora aveva solo due reti e non una batteria di canali

minori, si collegava quotidianamente per trasmettere le competizioni, mentre i giornali aggiornavano a pagine intere sull'evento.
Solo nel 1973 in Russia si rischiò di non vederle perché mancò l'accordo tra vari paesi europei per proporre l'eurovisione ma la Rai emise subito un comunicato che recitava:
"Pur di non privare i telespettatori italiani di questo avvenimento, l'ente sosterrà da solo la spesa dei collegamenti e dei diritti di trasmissione".

Nel 1979 invece, quando si tennero a Città del Messico, la Rai inviò giornalisti e operatori ma non se la sentì di stabilire collegamenti diretti per l'elevato costo, suscitando l'indignazione della stampa nazionale. Ma erano altri tempi. Lo sport è cambiato in effetti, e non interessa più, calcio a parte.
Infatti nel 2007 quando Torino ospitò l'Universiade invernale, che è il fratello minore della competizione estiva quindi ancor meno importante, il ministro dell'Università e della Ricerca Fabio Mussi già 12 mesi prima si premunì di inviare una lettera-appello al presidente della Rai, Claudio Petruccioli sottolineando:

"il forte interesse di questo ministero a che la Rai possa seguire con la stessa attenzione che dedica agli altri grandi eventi sportivi".

CORRIERE DELLA SERA
CORRIERE SPORTIVO
OGGI A CITTA' DI MESSICO LA CERIMONIA INAUGURALE DI UNA RASSEGNA CHE RADUNA ATLETI DI OLTRE 80 NAZIONI
Comincia l'Universiade dei miracoli
NUOTO
TENNIS
Triste apertura dell'Universiade russa
Mancano il sole e la «stella» Borzov
Paolo Pinni
CORRIERE SPORTIVO
ULTIMISSIME
Calcio-spettacolo (Cagliari-Sporting) e cerimonia sfarzosa
UNIVERSIADE TUTTA D'ORO
MONSERÉ
Ha ritrattato!
Gli sciabolatori azzurri occupano un intero podio dell'Universiade
In televisione 1 ora al giorno
All'Universiade l'Italia scopre un ciclista d'argento ma anche i... nervi di Guarducci, squalificato sui 100
All'Universiade scende in campo la Comaneci
Va agli attrezzi o sulla sedia dei giudici?

Ma non ci furono grossi problemi: 7 giorni dopo il vicepresidente del comitato organizzatore dichiarerà:
"Sono 400 le emittenti televisive che ci hanno chiesto di trasmettere l' evento. Proprio in questi giorni abbiamo chiuso un accordo con la Rai. Ci vedranno 800 milioni di persone, ovunque, dalla Cina, al Giappone, alla Russia che ci ha chiesto 20 ore di trasmissione e manderà 8 giornalisti".

E ci furono 50 ore di diretta su Eurosport e RaisportSat.
Nonostante questo il presidente del Cus Torino a manifestazione completata dichiarerà:
"Forse potevamo pensare prima alla copertura televisiva della Rai, ma le cose sono andate bene lo stesso, ci sono stati oltre un miliardo di telespettatori".

E viene da sorridere pensando che 10 anni prima, nel 1997, l'Universiade (quella estiva, più importante) si tenne in Sicilia e subito Francesco Storace, allora presidente della Commissione di vigilanza della Rai denunciò:
"La Rai paga per gli avvenimenti sportivi, ma ha invece preteso soldi dalla Regione Sicilia per trasmettere l' evento, contrastando con ogni logica di servizio pubblico".

nel contempo la Regione Sicilia bandiva una gara fra tutte le emittenti, anche straniere, per i diritti tv, dopo che *"la Rai ha richiesto soldi per trasmettere le gare".*

Ma è ovvio che in Sicilia sono piagnoni come a Napoli.
Quindi accontentiamoci e non lamentiamoci; in fondo è andato tutto bene. Tra l'altro pure noi, senza uno scandalo tangenti e qualche opera faraonica incompiuta ci abbiamo messo del nostro per nasconderci dai riflettori.
Possiamo tornare quindi a leggere i quotidiani sportivi aggiornandoci sulle novità dell'ex fiamma di Ronaldo e aspettando i veri eventi sportivi importanti: tipo le Olimpiadi invernali del 2026 di Milano, ad esempio.

CRISCITIELLO E L' INVITO A "NON FARE IL NAPOLETANO"

26/07/2019.
E' passata mezzanotte e a Sportitalia il conduttore Michele Criscitiello, durante la trasmissione *Calciomercato*, apre a un filo diretto con i tifosi. Dall'altro capo del filo c'è un certo Patrizio, tifoso del Napoli residente ad Ancona. La fede calcistica dell'ascoltatore mette subito Criscitiello sulla difensiva: teme probabilmente qualche critica. Il conduttore gonfia il petto, simula un improbabile accento napoletano e alle prime battute diventa subito aggressivo, irritante e prova a mettere a tacere l'interlocutore.
Si becca di tutta risposta un 'ruffiano' ed apriti cielo:

"*Così parli a tuo padre e a tua nonna, se ce l'hai*". E incalza:
"*Senza educazione non parli a casa mia. Devi solo tacere.*
***Se vuoi fare il napoletano** lo fai a casa tua, qua non lo fai*".

'Napoletano' diventa quindi sinonimo di 'scostumato' e 'maleducato'. Criscitiello continua, è un fiume in piena, e rafforza le sue esternazioni con analisi sociologiche del tipo: "*Lo sai qual è il problema di Napoli? Sono i napoletani come te*". L'ascoltatore, va detto, risponde per le rime e definisce il conduttore un 'pecoraro di Avellino' contribuendo ad abbassare il livello della discussione ai piani più bassi. Michele Criscitiello è nella memoria di tanti per un episodio avvenuto durante la festa per l'accesso ai preliminari di Champions League dell'Udinese svoltasi in piazza ad Udine nel 2012. Ai cori 'noi non siamo napoletani' ed 'odio Napoli' (quantomai pertinenti per una festa dove Napoli non c'entrava nulla e per una rosa che allora contava su diversi napoletani) il buon Michele rispondeva sorridendo: "*l'ho cantata per molti anni anche io questa canzone*". A quanto pare non ha mai smesso.

STADIO SAN PAOLO:
#SEIACASATUA E RUBANO I SEDIOLINI

31/07/2019. L'appuntamento più atteso, per certi media, è quello con il danneggiamento dello stadio San Paolo fresco di lavori di ristrutturazione. L'occasione arriva subito:

"Napoli, già rubati i sediolini del 'nuovo' stadio San Paolo".

Così titola *Il Mattino*, prontamente ripreso da molteplici testate. E visto che oltre il titolo di un articolo non ci vanno in molti, la frittata è fatta. Ci sembra già di vederli questi delinquenti che entrano nello stadio (di certo scavalcando) e smontano i sediolini installati deturpandolo nell'indifferenza della gente. 'I soliti napoletani'.
Se però leggi oltre scopri che l'autore del furto è un LSU in servizio allo stadio che li ha presi dal deposito, tra quelli non installati, e se li è portati a casa. E che grazie al sistema di videosorveglianza la polizia se li è andati a riprendere fino al garage di casa del dipendente comunale e ha provveduto a denunciarlo.
Sarebbe una storia a lieto fine che ci racconta di UN delinquente e di un sistema di controllo efficace che ha permesso di tutelare il bene pubblico e ha ricordato, a chi piace vivere in questo modo, che lo stadio non è zona franca e che magari la prossima volta è meglio che ci pensi due volte prima di commettere un illecito.
Sempre che l'avessero raccontata in questo modo, ma così non è stato.
Negli stessi giorni poi attori ed artisti napoletani hanno lanciato una campagna, intitolata "#seiacasatua", nella quale invitano "*i cittadini napoletani al rispetto e alla tutela dell'impianto di Fuorigrotta*".
I messaggi di educazione civica possono essere solo ben accolti,

per quanto però questa idea di doverci auto educare perché incapaci di vivere rispettando le elementari regole non mi entusiasma molto.
Credo che a tante persone non serva che lo si ricordi come ci si comporta; ad altri invece, che senso civico non lo hanno e non lo avranno mai nemmeno tra tre generazioni, certe campagne hanno l'effetto di un bicchiere d'acqua lanciato per spegnere un incendio.
Ma esiste effettivamente un 'mondo di mezzo', una larga fetta di popolazione che è sospesa tra il desiderio di vivere in un contesto civile e un senso di scoramento e pessimismo che gli genera un discreto sentimento di strafottenza, un adattamento all'andazzo.
Su loro si può 'lavorare'; ma non tanto con le campagne di sensibilizzazione, seppur importanti, ma semplicemente inserendo l'anello mancante che è quello di chi dovrebbe far rispettare le leggi, sanzionare i trasgressori e tutelare i cittadini perbene.
Sembra maledettamente semplice, ma sfugge ai più.
In assenza sostanziale di regole, senza controlli, si crea un'atmosfera anarchica dove la civiltà diventa virtuosismo nel migliore dei casi, quando non si ha invece la sensazione di essere proprio 'fessi'.

E intanto la *Gazzetta dello Sport* ne approfitta per 'unire' le due notizie così: "***San Paolo #seiacasatua, ma rubano i sediolini***".

San Paolo #seiacasatua, ma rubano i sediolini

Campagna per sensibilizzare i tifosi dopo la ristrutturazione per l'Universiade, però è stato registrato il furto di sedili ancora da fissare

Maurizio Nicita

Il messaggio è chiaro: sbattetevi quanto vi pare, tanto non cambierete mai. In realtà è certa stampa a non cambiare mai, certi pregiudizi; e noi li assecondiamo, autocrocifiggendoci.
Ma se appare così scontata l'inciviltà dei napoletani non si comprende perché non abbia fatto notizia il massimo esempio di civiltà offerto dal popolo partenopeo durante le cerimonie di

apertura e chiusura dell'Universiade; stadio stracolmo e massimo senso civico. La verità è che la denuncia parte sempre facile se c'è da registrare un atto d'inciviltà; quando invece ci sarebbe da denunciare l'assenza di controlli, vigilanza e manutenzione, assenze che pesano sui fruitori dei servizi, vige sempre un singolare silenzio.
Probabilmente la campagna di sensibilizzazione avrebbe avuto un maggior senso se rivolta alla Società Calcio Napoli ed al Comune, invitandoli a tutelare la cittadinanza perbene e rispettosa delle regole. Magari con controlli più serrati per verificare chi entra senza biglietto, perché se ci sono molti tifosi in più di quanti ne può accogliere un settore diventa anche pericoloso.
Magari facendo liberare le rampe di scale nei settori prima dell'inizio della partita, perché se c'è un'emergenza diventa tutto più complicato. Magari impedendo di far posizionare tifosi davanti la balaustra che impediscono la visione dello spettacolo a decine di migliaia di tifosi costringendoli ad alzarsi in piedi.
E' un discorso estremamente semplice ma che in questa città diventa complicato. La soluzione più comoda resta il rassegnarsi al fatto che siamo un popolo che non 'merita niente' e che dobbiamo vivere così. Molti, purtroppo, se ne sono già convinti.

SEI NATO A NAPOLI? INGRESSO VIETATO

08/08/2019.
La Juventus rende note le modalità d'acquisto per i biglietti di *Juventus-Napoli*, in programma il 2 settembre all' Allianz Stadium di Torino. Prevendite aperte con una piccola eccezione: se sei nato in Campania il biglietto non te lo diamo.
'Nato', non semplicemente residente. La Juve, abituata ad arrivare sempre prima, anche stavolta ci è riuscita; perché non ci sono tracce di criteri analoghi adottati da altre società in passato.
Tra l'altro certe restrizioni vengono adottate di concerto con gli organi preposti alla sicurezza e non autonomamente, senza un motivo valido. Ed in questo caso non si parlava di settore 'ospiti', per il quale ancora non erano state decise le modalità di vendita, ma di quelli ragionevolmente riservati alla 'propria' tifoseria. E la Juve ha tantissimi tifosi in Campania e non solo, molti dei quali magari solo sfortunatamente 'nati' all'ombra del Vesuvio ma da anni trapiantati in altre regioni d'Italia.
Come l'allenatore della Juve Maurizio Sarri, per intenderci.
Ma, visto che in modalità social le polemiche cominciano a fioccare, la società bianconera si affretta a chiarire sostenendo di essere d'accordo con la Questura di Torino, di aver applicato gli stessi criteri adottati nel match della precedente stagione e di aver comunicato per tempo agli organi competenti la notizia a mezzo mail (che verrà pubblicata).
La *Gazzetta dello Sport* prontamente interviene a sostegno dei bianconeri: "*Alla base della scelta fatta dal club bianconero c'è, tutt'al più, un eccesso di sicurezza. Come diceva quello? Meglio prevenire che curare*".
Peccato che non ne beccano una. Prima parla la Questura:
"*Con riferimento alla notizia apparsa oggi su alcuni organi di stampa, secondo la quale la Questura di Torino avrebbe concordato il*

divieto di vendita dei tagliandi per la partita Juve – Napoli a chi è nato in Campania, si comunica ufficialmente che ***tale notizia è del tutto destituita di ogni fondamento****. La Questura di Torino non ha mai concordato tale decisione con la società sportiva né intende condividerla".*

Poi seguono le parole del Questore di Torino Giuseppe De Matteis a *Repubblica*:
"Si tratta di una misura dubbia e discriminatoria, che potrebbe avere anche un ***valore razzista*** *e che non avremmo mai potuto avallare... noi non parliamo con le società per e-mail, ma negli organi preposti, ossia il Gruppo Operativo per la Sicurezza e l'Osservatorio per le manifestazioni sportive. Questi organi non si sono ancora espressi e non avrebbero comunque mai avallato tale provvedimento".*

Dulcis in fundo si scopre che non è affatto vero che l'anno precedente siano state adottate misure identiche. La discriminazione 'per nascita' è stata inventata ora, e rappresenta un loro nuovo primato. Il risultato comunque è arrivato: la società decide di fare un passo indietro ed eliminare il criterio razzista di selezione, senza ovviamente chiedere scusa a nessuno, soprattutto ai propri tifosi campani, quelli discriminati.
Per chi li conosce meglio, sembra già tanto.

La partita contro il Napoli

Biglietti vietati ai campani Polemiche sulla Juventus

TORINO «Vietata la vendita ai nati in Campania». È la frase scritta sul sito della Juve da mercoledì, quando il club dei campioni d'Italia ha messo in vendita i biglietti per la partita con il Napoli del 31 agosto. Il divieto compare appena sotto a un altro, a cui invece l'Italia è assuefatta: «Vietata la vendita ai residenti in Campania». Si parla di 5 milioni e 839 mila persone secondo gli ultimi

Corriere dello Sport.it

Biglietti Juve-Napoli vietati a chi è nato in Campania: è bufera

La decisione comunicata dal sito della società bianconera scatena le polemiche

il Fatto Quotidiano.it

Juventus-Napoli, è già polemica: chi è nato in Campania non può comprare i biglietti. La questura: "Decisione non è concordata"

CALCIO: NON AVVANTAGGIAMO IL SUD

08/05/2019.
Il Governo elabora un decreto legge nel quale sono presenti una serie di agevolazioni fiscali per le imprese italiane: tra queste ce n'è una che trova applicazione anche nel mondo sportivo e che potrebbe favorire notevolmente le società italiane nel loro calciomercato e principalmente quelle del Sud.
La norma in questione prevede, o meglio prevedeva, uno 'sconto' sulla tassazione per chi assume lavoratori dall'estero assenti per almeno 2 anni dal territorio italiano.
Per spiegarci meglio, attualmente gli ingaggi che i calciatori percepiscono sono tassati praticamente al 100%. Per un ingaggio di 3 milioni la società ne caccia in sostanza 6.
La bozza di questo decreto, che doveva passare ancora al vaglio del Senato e quindi era suscettibile di modifiche, prevedeva una tassazione ridotta al 30%, che arrivava però fino al 10% in 8 regioni del Sud, Campania compresa. Un distinguo reso necessario dalle diverse condizioni nelle quali operano le imprese del Nord e quelle del Sud. C'erano 60 giorni di tempo per convertire in legge il decreto, quindi entro il 30 giugno 2019.
E proprio pochi giorni prima della scadenza il Senato da il via libera, però con una serie di modifiche: la tassazione diventa del 50% ma, soprattutto, nessun regime di favore per le regioni del Sud; sarebbe stato un vantaggio ingiusto.
E ci potrebbe anche stare perché una competizione, per essere definita regolare, necessita che tutti giochino ad armi pari.
Proprio per questo principio andrebbe ricordata ogni tanto la storia del calcio italiano. Che nasce come un affare del Nord, una cosa tra Piemonte, Liguria e Lombardia; poi il campionato Veneto, che già esisteva, fu inglobato nel loro campionato.
Per chiamarlo campionato 'nazionale' e non della Pianura Pada-

na si ricordarono del Sud e istituirono 2 Leghe, la Nord e quella Sud. Le squadre si affrontavano nei relativi gironi per poi sfidarsi alla fine, ma la disparità tecnica era imbarazzante; le finali terminavano a 'pallonate'. Allora venne il tempo del girone unico, per volontà dei fascisti, con la carta di Viareggio. Era il 1926.
Il primo campionato, vista la differenza tecnica imponente, fu composto da 17 squadre del Nord e 3 del Sud (di queste 3, due erano di Roma). Cioè tutte le squadre del Nord allora esistenti nell'omonima Lega (16), più la diciassettesima presa tra le retrocesse della Lega Nord. Le tre restanti furono le finaliste della Lega Sud, ovvero l'Internaples (dalle cui ceneri nacque il Napoli), e l'Alba, società romana. Infine fu annessa d'ufficio la Fortitudo, sempre romana, per dare adeguata importanza alla capitale.
Tante squadre si fusero tra loro (all'epoca vi erano molte squadre per città) per tentare di competere con i giganti del Nord e per compiacere il regime fascista non dovevano esserci nomi stranieri. Ma l'Internaples già aveva provveduto 4 anni prima a fondere le due compagini esistenti (il Naples Foot-Ball Club e l'Unione Sportiva Internazionale Napoli); si trattava solo di ricambiare il nome, e fu fatto in Associazione Calcio Napoli dall'allora Presidente Giorgio Ascarelli. A sud di Roma solo il Napoli, praticamente. Per il primo campionato 'nazionale'.
Sì vabbè, ma sono passati 100 anni, opporrà qualcuno.
E infatti non è cambiato nulla lo stesso. 115 campionati in tutto, tra quelli prima e dopo la Carta di Viareggio, e a sud di Roma solo 2 scudetti al Napoli ed 1 al Cagliari.
3 su 115, che diventano 8 se consideriamo i successi della capitale. L'anno scorso (2018/19) la Serie A si fermava a Napoli, più a sud nessuna; quest'anno il Lecce a far compagnia ai partenopei.
14 squadre del Nord, 3 del Centro, e 3 del Sud (Napoli, Lecce e Cagliari). Un po' come successo con la Germania tra quella Ovest e quella Est, che quando cadde il muro vide solo due squadre dell'Est approdare in Bundesliga e pochissime negli anni a seguire. Solo che lì si trattava di due Stati separati che si riunivano: qui si parla di una sola nazione, almeno sulla carta, unificatasi oltre 150 anni fa. Se questi dati non fanno riflettere, quando si par-

la di 'armi pari', allora c'è malafede. Bisogna non voltare la testa dall'altra parte e rendersi conto che il calcio è lo specchio della società italiana e che il divario tra i club del Nord e quelli del Sud è lo stesso che esiste in tutti gli altri campi.
E' uno dei tanti riflessi della questione meridionale mai risolta e che si tende a dimenticare. Si cerca di far dimenticare.
Il Giro d'Italia diventa il giro del Nord, la Serie A la Serie del Nord, le Universiadi vanno a Napoli e la stampa nazionale non se ne accorge mentre titola a piene pagine l'assegnazione delle olimpiadi invernali del 2026 a Milano e intanto si lavora per l'autonomia delle regioni del Nord per aumentare anziché ridurre il divario tra loro.
Il calcio non sarà, non è, cosa seria, per carità. Ma dentro ci trovi il riflesso di tutto quel che di serio c'è da capire del nostro paese. La discriminazione territoriale, il potere politico ed economico, la storia dei successi e delle sconfitte. C'è dentro tutto.
Ed è in questo quadro che va analizzata l'empatia, la passione e il colore del tifo partenopeo (e quello del Sud in generale) che cerca nella maniera più semplice, con il calcio, di affermare la sua storia, il suo passato, la sua identità. E che vede, nel calcio come in

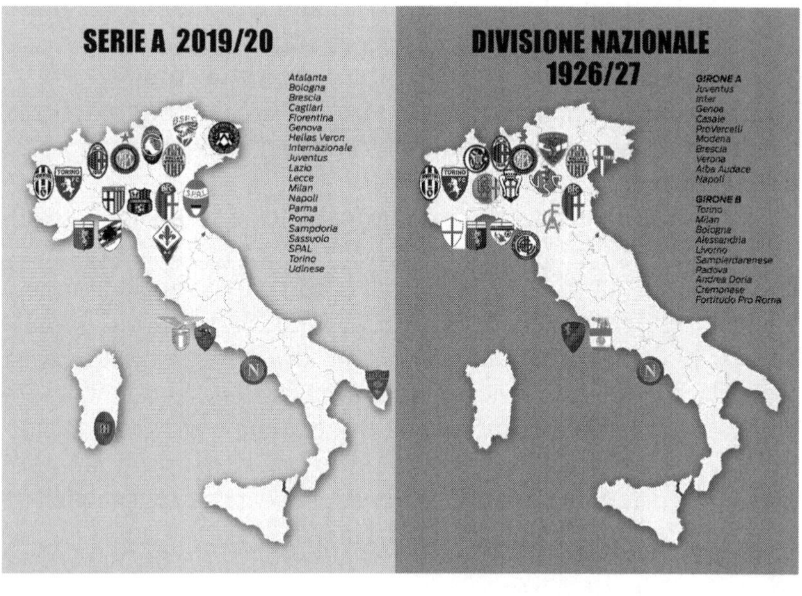

tutto, un 'muro' come quello tedesco, virtuale ma solido, che ci separa in termini di opportunità, di risorse e di potere dal Nord.
Il tifo napoletano è un urlo di gioia, che afferma la sua identità e rivendica con orgoglio la sua storia; è un urlo di dolore, consapevole delle difficoltà con le quali convive; è un urlo contro proprio i 'favoritismi', che qualcuno ha denunciato. E' un urlo, ed in qualunque caso non ha il suono dei triccaballacche e dei putipù.
Quello è solo il risultato di una semplicistica narrazione che ingrassa l'ego di chi si sente migliore per luogo di nascita e allontana ogni possibilità di comprendere e analizzare i problemi scoprendone le origini. E' un pregiudizio, malsano.
Ed è quello che tutti i giorni leggiamo sui giornali, guardiamo in tv e sentiamo in politica. Ed anche nello sport.
Pertanto va bene che non ci siano favoritismi nel calcio, è un principio straordinario. Regole ed opportunità uguali per tutti; nessun 'potere' politico, nessun magheggio. Nessun favoritismo.
Allora, quando si comincia?

SPUTTANAPOLI NELLA STORIA/2
TRA LUOGHI COMUNI E IL VIZIO DELLA MEMORIA

IL SUD IGNORANTE E PALLA AL PIEDE

10/07/2019.
Vengono pubblicati i dati dei test Invalsi che evidenziano, ancora una volta, una situazione allarmante del livello d'istruzione dei nostri studenti in tutto il paese: in molti arrivano a 19 anni senza saper comprendere un testo d'italiano o senza saper fare di conto.
E questo deve farci interrogare sul modello d'istruzione della nostra scuola. In terza media 4 ragazzi su 10 non comprendono un testo d'Italiano; 5 su 10 non riescono a fare calcoli matematici e i dati sono poco confortanti anche per la lingua Inglese.
Ma il vero interrogativo da porsi è perché, ancora una volta, c'è una netta differenza tra Nord e Sud. Se infatti le altre regioni hanno avuto un lieve miglioramento, Campania, Calabria e Sicilia restano al palo. In realtà non è che ci vuole un genio per capirlo, visto che il problema non nasce oggi; ma in un paese dove la storia viene cancellata e riscritta continuamente e dove prospera un sentimento, quello leghista, che ci vuole 'capre' per nascita, per genetica, con teorie dal retrogusto lombrosiano, è il caso di tornarci su.
Il Sud Italia è stato impoverito dopo l'unità; gradualmente lo si

è azzoppato, menomato, rendendogli sempre più difficile autosostenersi. Tutte le politiche per il Mezzogiorno sono state, per semplificare la cosa, una grande bufala.
L'assistenzialismo decantato, i piani per il Sud, non sono mai stati volti realmente ad una crescita dei territori.
20 anni fa circa, dopo 50 anni di politiche che non hanno apportato benefici, si è arrivati ad una semplice conclusione; non che i piani per il Sud erano sbagliati, non programmati per una crescita dei territori. Ma che erano i soldi il problema.
Il Sud era lazzarone, votato all'assistenzialismo e quindi non responsabilizzato. Tagliamo i fondi e risolviamo il problema.
Era il 1998, e questo pensiero semplice si radicalizzava sempre più nel paese confortando tanti cittadini facendoli sentire migliori per nascita, per comune di residenza.
Nello stesso anno l'*Eurispes* realizza uno studio sugli effetti delle politiche d'intervento a favore delle Regioni meridionali.
Si parte dai primi tentativi d'intervento negli anni 50 che migliorarono un po' le condizioni di vita di un popolo completamente dimenticato dall'unità fino al giorno prima.
Si noteranno poi i primi benefici nel recupero del gap tra Sud e Nord nel periodo 1960-1975, grazie a un minimo di politica di industrializzazione del Sud, con le imprese a partecipazione statale che nel complesso produssero risultati positivi ma non esistevano per far crescere il Sud ma più per servire il Nord. Aziende moderne totalmente dipendenti dai centri del Nord, per autonomia e mercato d'acquisto: "*Si trattava non tanto di una politica per il Mezzogiorno, quanto di una utilizzazione della politica per il Mezzogiorno ai fini dell'espansione del sistema industriale italiano nel suo complesso*".

A questo periodo ne seguì un altro fatto unicamente di sussidi diretti semplicemente al sostegno dei redditi, per placare le tensioni sociali derivanti dall'alto tasso di disoccupazione. Per tenerci al guinzaglio, insomma. Ma anche questo tipo di politica finì per favorire sostanzialmente più il Nord.
Perchè già da quegli anni il principale partner commerciale del

Centro-Nord era il Mezzogiorno. Il Nord esportava al Sud molto più di quanto facesse con l'estero nonostante si aprisse in quegli anni il mercato europeo; ma le merci italiane, complice anche la sopravvalutazione del cambio per difendere la posizione della lira nello SME, non penetrarono particolarmente sui mercati esteri:
"nel corso degli anni ottanta la collocazione delle merci settentrionali sul mercato meridionale passa dal 15% ad oltre il 30% del totale delle esportazioni regionali, qualificando così il Mezzogiorno come il principale partner commerciale del Centro-Nord"

pertanto:
"È proprio la politica dei trasferimenti che risulta rilevante per il sostegno del reddito del Centro-Nord, indipendentemente dall'essere diretta verso il finanziamento degli investimenti o verso il puro sostegno dei redditi. Di conseguenza... il Mezzogiorno soffre una riduzione nella capacità di generare reddito, ma ciò non avviene per le regioni centrosettentrionali... per le quali il Mezzogiorno rappresenta il principale partner commerciale".

Ma intanto al Nord si convincevano che al Sud non avevano voglia di lavorare. Il rapporto dice: *"È questa però una situazione paradossale, in quanto coloro che sono stati più danneggiati da una politica di questo tipo sono stati proprio i cittadini delle regioni meridionali".*

Perché, si legge ancora, *"lo sviluppo del Mezzogiorno non è mai stato l'obiettivo principale perseguito dalla classe dirigente, ma è stato subordinato ad altri che essa si poneva".*
Non è pertanto fallita la politica sul Mezzogiorno, si è solo smesso di farla quando non aiutava più il Nord. La conclusione del rapporto poi evidenzia un dato straordinario: e cioè, per dirla semplice, che il Nord costava allo Stato più del Sud.
Per la sicurezza, la difesa e soprattutto per la sanità, l'assistenza e la previdenza: in rapporto al proprio reddito il meridione pagava di più e riceveva di meno. Ad esempio per ogni 1000 lire proca-

pite di spesa pubblica destinati al Centro-Nord, al Sud andavano 844 lire. Questo veniva focalizzato 21 anni fa, in pieno boom della Lega Lombarda, che i rapporti o non li sapeva leggere o non li voleva leggere. Sempre in quell'anno l'Associazione *Lapis* evidenziava i preoccupanti dati d'evasione scolastica al Sud, legati esclusivamente alle condizioni di miseria di certe aree. Cosa è poi cambiato? Niente.

Corriere della Sera — MARTEDÌ 23 GIUGNO 1998

Eurispes: «E' per il Nord Italia il primato dell'assistenzialismo»

Un recente studio della Svimez ha evidenziato che negli ultimi 40 anni al Sud sono stati investiti 430 miliardi di euro, che sembrano pure tanti, ma rappresentano solo il 20% delle risorse pubbliche investite in Italia.

A ottobre del 2019 a dire che lo Stato investe poco e niente per il Sud non è stato un meridionalista dell'ultim'ora, un nostalgico borbonico o un napoletano piagnone. Ma la commissione europea a firma di Marc Leimatre, direttore generale per la Politica regionale, il quale spiega all'Italia che c'è il rischio di tagli ai fondi se continuano a non investire al Sud, violando "il principio di addizionalità". Un principio semplice semplice; tu spendi il giusto e io incremento: no che tu sottrai e poi con il mio contributo tamponi e fai l'elemosina. Così non cresce nessuno.

Significa utilizzare i fondi europei come 'valore aggiunto' e non come sostituzione di quelli utilizzati per la spesa pubblica. Così invece si fa al Sud. Si spende meno di quanto si dovrebbe.

Di preciso sono scomparsi il 20% degli investimenti minimi che dovevano essere garantiti. E non parliamo di mero 'assistenzialismo', parliamo dei servizi base che devono essere garantiti al paese. "*Non conosco nessun altro Paese che ha una situazione così debole riguardo gli investimenti pubblici*", ha dichiarato Leimatre.

Sono preoccupati, in Europa. Non riescono a comprendere una visione così miope del paese, dove l'idea di crescita più ambiziosa è quella del federalismo, per difendere il proprio orticello.
Per capire meglio la politica italiana basta un dato: nelle regioni d'Europa 'svantaggiate', che ricevono come noi i fondi strutturali, il tasso d'investimento è in media del 4%.
L'Italia è stata sollecitata perché non riesce a rispettare nemmeno lo 0,43%. Un articolo del Corriere della Sera del 1972 denunciava il ritardo nel recupero del gap tra Nord e Sud avvertendo che, continuando di quel passo, si sarebbe rischiato di dover attendere ben 50 anni prima di colmare quel divario, precisamente fino al 2020. Ottimisti davvero.

Mercoledì 13 settembre 1972 — CORRIERE DELLA SER[A]

LE PROSPETTIVE DI UN PROBLEMA CHE TORMENTA L'ITALIA

Il divario fra Nord e Sud verrà colmato solo nel 2020

La previsione è del professor Pasquale Saraceno ed è espressa in un rapporto per il ministero del bilancio Lo sviluppo del Sud è avvenuto in modo disordinato, aggiungendo ai vecchi motivi di arretratezza nuove cause di disorientamento - Dualismo in Puglia fra costa ed entroterra - Investimento immobiliare, burocrazia e piccoli commerci invece di una spinta all'industrializzazione - Piramidi sulle sabbie mobili

Un'altra genialata portata alla luce dal giornalista Marco Esposito è stata quella dei parametri utilizzati per il calcolo dei fabbisogni standard, ovvero delle quote da erogare a Regioni e Comuni per una serie di servizi. In tutti i settori, dall'istruzione alla sanità, dalle università ai trasporti, i parametri contengono discriminanti che penalizzano sempre il Sud. Sistematicamente.
Il presunto assistenzialismo al Sud viene spesso poi associato con gli impieghi nella pubblica amministrazione; ma anche questo è un luogo comune.
Il giornalista Sergio Bocconi sul Corriere della Sera del 07/09/2019 racconta l'incidenza della burocrazia sui conti pubblici italiani. Lo fa prendendo spunto da una ricerca effettuata in quei giorni ("*La P.A. da Peso Aggiunto a Potenziale Aiuto alla crescita del Paese*"

realizzata nell'ambito di Ambrosetti Club) che evidenzia la necessità di renderla più efficiente per far crescere il paese e rendere la burocrazia un 'beneficio' più che una 'zavorra'.
In quest'analisi vengono sfatati tre luoghi comuni: in primis l'Italia non ha troppi dipendenti pubblici; solo il 13,6% contro il 21,4 della Francia e il 16,4% della Gran Bretagna. Non sono pagati tanto, anzi è vero il contrario (il 'peso' sul totale della spesa è del 19,8% contro il 25,7% della Spagna e il 22,6% della Francia).
Ma, soprattutto, la pubblica amministrazione italiana non si concentra più al Sud. Per ogni mille abitanti nel meridione sono presenti 12,2 dipendenti pubblici, quota che al Nord sale a 16,5.
E mentre il Sud si è sempre più impoverito ne ha risentito anche l'istruzione scolastica, ma non ci voleva Nostradamus per prevederlo. Ed ora ci stupiamo.
L'ex ministro leghista Bussetti si dichiarava preoccupato. Bussetti, quello di prima, quello che aveva già individuato il problema al Sud, e cioè che non servivano più soldi ma più sacrifici e voglia di lavorare. Ma l'impegno vero ce lo stanno mettendo loro, con l'autonomia differenziata; perché è questo che si sta facendo per il Sud, si sancisce in via definitiva il distacco dell'Italia per evitare anche il peso dell'elemosina.
Il Sud deve esistere per comprare le merci e i servizi del Nord e per fornire manodopera; ma indietro non deve tornare nulla.
E per farlo alla luce del sole serve un popolo beota, che si beva le sciocchezze quotidiane che ci raccontano.
L'hanno trovato: a chi converrebbe investire in istruzione?

IL SUD E LA MEMORIA INUTILE

09 agosto 2017. Il Consiglio Regionale della Puglia vota a favore dell'istituzione di una giornata della memoria (il 13 febbraio) per ricordare le vittime meridionali dell'unità d'Italia. Della strage dell'unità d'Italia. Vittime per troppo tempo dimenticate, insieme ad una storia mai narrata e distorta ad arte dai vincitori.
Il Mattino pensa di creare un dibattito sulle sue pagine tra intellettuali. Il giorno prima ospita le opinioni di Massimo Adinolfi e Gianfranco Viesti, che più che dibattere facevano a gara a chi la riteneva più inopportuna, strumentale e inutile.
Il 9 agosto invece dibatte sul tema (da solo) lo scrittore-giornalista Raffaele Nigro. È il caso di ricordare che non parliamo delle opinioni di Salvini o Giletti, di Borghezio o Nina Moric (anche se, in quanto a pochezza, il Nigro riesce a superarli), ma di uno scrittore pluripremiato con svariate lauree honoris causa. E cosa ci dice il professore? Comincia domandandosi:
"Perché (commemorare) solo questi? Sono morti privilegiati? Cos'è quest'aria reazionaria che ha portato il Sud a un leghismo all'incontrario?"

IL MATTINO.it

Sud, no alla memoria inutile

Ed ecco che il meridionalismo diventa, secondo il Nigro, "*passione sanguinaria e disgregatrice*" che vorrebbe ricreare la "*Nazione Napoletana*". E lui non ci starebbe in un Regno del genere "*dopo aver visto Gomorra e l'esaltazione che ne fa Saviano*" (anche gli Intellettuali con la I maiuscola, italiani, giudicano Napoli da Gomorra), ma "*neppure con Palermo che uccide i Magistrati*" e "*Reggio Calabria che favorisce rapimenti e ammazzamenti*".
E prosegue con l'elenco delle brutture e delle inefficienze del Sud, dalle ferrovie alle autostrade, con la domanda:
"*è questa l'Italia che abbiamo ereditato dal Regno di Napoli?* (no, questa l'avete creata voi). *Con l'85% di analfabeti questo è il ricordo che magnificano i gruppi neoborbonici?*"
Poi la domanda oltre la quale ho avuto difficoltá nel continuare a leggere:

"*Le questioni* **banditesche** *appartengono al cimitero del tempo. Ve la sentireste di creare una giornata per Bin Laden o l'Isis? Anche loro nel cuore avevano ragioni politiche*".

Vergogna. Un popolo che si difendeva da un esercito invasore paragonato all'Isis. I patrioti tutti Bin Laden; viene quasi da rimpiangere le opinioni di Borghezio e Salvini al riguardo.
L'articolo poi va avanti con sproloqui e falsi storici ma mi fermo qui. La nostra colpa è sempre la stessa: quella di 'ricordare'.
Addirittura una giornata della memoria, poi.
Dopo 150 anni di lavoro per seppellire il ricordo di una guerra mascherata da 'unificazione' (non richiesta né trattata, ma fa niente). Dopo aver celebrato da eroi gli autori dei più effimeri massacri, di fucilazioni di massa, di libertá di stupro concesse ai

Il dibattito

Sud, un leghismo rovesciato non ci salverà dalle nostre colpe

Al Meridione non serve una giornata della memoria: riaprirebbe ferite antiche
Ed è assurda e antistorica la disputa tra neo-borbonici e vetero-savoiardi

soldati, di paesi rasi al suolo, di infiniti saccheggi, di terre confiscate, industrie smantellate e trasferite al Nord.
Di un regno (Piemontese) pieno di debiti che vennero ripianati dalle ricche riserve dell'altro regno. E di un popolo, quello meridionale, che per ricompensa venne tassato in maniera così iniqua (dovevamo pagare le spese della 'liberazione') da ridurlo all'impoverimento totale con milioni di persone costrette ad emigrare.
Tutto questo, e altro ancora, non si può ricordare.
Verrebbe meno la storia riscritta, quella che vuole un Sud palla al piede del Nord, un meridione 'arretrato' e 'sfaticato'. Inferiore 'scientificamente' come emerge dagli studi di Cesare Lombroso.
Se riscrivi la storia, neanche tanto lontana e proseguita per disparità fino a ieri, devi riscrivere il presente.
E se riscrivi il presente magari si cambia un po' anche il futuro e questo non va bene.
Sempre su *Il Mattino, il* 12/05/2019, viene poi recensito un libro, *"La Guerra per il Mezzogiorno. Italiani, borbonici e briganti 1860-1870"* di Carmine Pinto. Il libro parla dell'invasione dell'esercito sabaudo con i garibaldini contro le truppe borboniche e cerca di fare un lavoro storico per raccontare cosa accadde, senza andare oltre. L'estensore dell'articolo (Marco Gervasoni), però, lo sente lui il bisogno di dire la sua: prima celebrando 'l'unità' degli invasori, la compattezza dei Piemontesi sia sul campo di battaglia che in Parlamento, perché legati dalla *"forza della Nazione e da un sentimento di idealismo"* (rigettando letture di 'protorazzismo' e augurandosi un giorno di ricreare anche noi un briciolo di quello spirito). Poi sul modo repressivo con cui il Sud *"fu pacificato"*; e lo fa con queste parole:
"Sia chiaro, gli unitari, cioè gli italiani, non poterono fare diversamente, stragi di civili comprese, in fondo quella dei borbonici e dei briganti fu una guerra partigiana".

Non è che ci sia molto da aggiungere.
Ma l'amarezza più grande è che questi professionisti trovino carta sulla quale scrivere non su *Libero* o *Il Giornale*, ma sul più antico e prestigioso quotidiano del Sud Italia.

QUEL CHE SI SCRIVE DI NAPOLI. 1879

In questo libro, oltre a trattare alcuni pregiudizi cronici, ho legato una serie di episodi, dichiarazioni e articoli circoscritti in un limitato spazio temporale. Allargando la forbice di riferimento sarebbero proporzionalmente aumentati gli episodi da citare.
Questo per dare la dimensione corretta del costante e continuo pregiudizio che accompagna la cronaca e le riflessioni sulla nostra città.
Spesso però si insinua il dubbio, anche nei napoletani stessi, che l'idea di una narrazione pregiudizievole sia falsa, esibita come paravento dai problemi della nostra città.
Quale sarebbe il motivo per cui tutti dovrebbero avercela con Napoli? Ed ecco che il napoletano diventa piagnone, lamentoso e via dicendo. E' il risultato di una propaganda costante e perpetua nata nell'Italia postunitaria e protrattasi fino ai giorni nostri; nella storia non sono infatti mai mancate le denunce, seppur isolate, di questa malevole narrazione. Ieri come oggi. E per capire l'oggi bisogna dare un'occhiata, inevitabilmente, a ieri.
Facciamo quindi un salto indietro nel tempo.

Siamo negli anni immediatamente successivi all'unità d'Italia ed Alberto Marghieri, rettore e senatore, tiene un discorso al Circolo Filologico di Napoli (che dedicò a Giustino Fortunato) divenuto poi un libro dal titolo *"Quel che si dice di Napoli"* ristampato di recente a distanza di 140 anni; ma sembra scritto oggi.
Marghieri denuncia la narrazione falsa e viziata di Napoli già a quei tempi. Cerca di darsene una spiegazione, lui che nell'unità ci credeva (come in tanti all'epoca) e non comprendeva la propaganda che voleva dipingere la Napoli borbonica come un insieme di brutture e nefandezze. E a lui non piacevano i 'descrittori di paradisi': lo ripete più volte e in più modi.

Ma al Marghieri meno ancora piaceva quello che si andava scrivendo nei libri, quello che successivamente avremmo studiato sui banchi di scuola. Scritti a suo dire:
"monchi, inesatti, partigiani, pieni di pregiudizi ed esagerazioni, privi di una vera e seria conoscenza della vita napoletana".

Contesta le *Lettere Meridionali* di Pasquale Villari, del 1878; scritti caratterizzati da una narrazione univoca, dedicata solo alla camorra e usata per rappresentare l'intera città:
"Il Villari non s'informa che della camorra e dei fondaci; viene a Napoli e non visita che i fondaci".

E replica con la storia della città, perché per poterla raccontare bisogna conoscerla. E si dovrà giustificare di questo. Perché accusato di 'giustificare' Napoli.
Marghieri, rivolgendosi a Giustino Fortunato, scriverà:
"Non ho voluto giustificare Napoli; sebbene ricordare per effetto di quali sciagurate vicende essa si trovi in condizioni, sotto taluni aspetti, inferiori a quelle in cui sono le principali città d'Italia e di Europa."

Marghieri aveva letto tutti libri che parlavano di Napoli, ma da nessuno era riuscito a farsi un'idea vera della vita napoletana:
"E domandai allora a me stesso, perché si scrivesse tanto di Napoli, e perché, pur scrivendone tanto, non si fosse giunti a dare della nostra vita, delle nostre condizioni, un quadro fedele ed intero".

Come detto, Marghieri non amava la narrazione 'paradisiaca' di Napoli:
"Gli scrittori antichi non hanno oggi nessuna importanza. Le loro opere si propongono la descrizione della città delle sue bellezze naturali, dei monumenti... ma non danno che scarse e poche notizie intorno ai costumi della popolazione, alla sua vita, alle sue condizioni... noi questi scrittori li lasceremo tranquilli con le loro illusioni... (essi) non amano la loro città, amano il suo golfo ed il suo cielo, le sue coste e le sue isole, il Vesuvio e Baia".

Alberto Marghieri
Quel che si scrive
di Napoli
– I CINQUECENTO –

Cita ad esempio due scrittori che raccontarono Napoli nello stesso periodo: uno celebre, il tedesco Goethe, ed uno semi sconosciuto, il francese Dupaty (che scrisse di Napoli nel libro *Lettres sul l'Italie*).
Di Goethe, che nel 1787 scrisse meraviglie di Napoli, sottolinea che la sua impressione è viziata dal "*sentimento della natura*" e dalla bellezza dei paesaggi che gli fanno sembrare gli uomini migliori a causa di "*un effetto della felicità della natura*".
Dupaty invece, pur osservando le stesse cose del Goethe, le stesse bellezze paesaggistiche e le stesse caratteristiche del popolo napoletano, non è appassionato dal sentimento della natura e finisce per giudicare gli uomini andando "*oltre le impressioni...procedendo di esagerazioni in esagerazioni, negando ogni coltura, ogni fede, ogni onestà, ogni sentimento*".

In sostanza, dice il Marghieri, il pregiudizio narrativo è che Napoli sia un paradiso e che quindi nessun abitante finirà per reggerne il confronto ed il giudizio su essi sarà sempre di delusione: "*Nel parlare di Napoli ci si muove da una prevenzione, anzi da un pregiudizio che consiste nel credere, prima di venire qui a Napoli, che si vada in una terra speciale, tutta a sé, che non ha nessun legame con le altre parti del mondo. La prevenzione è così potente che non viene mai meno, neanche innanzi alla vita vera e reale, innanzi alle miserie e dolori di questa. Qui tutto dev'essere fantastico e meraviglioso: cielo e terra, natura e uomini*".

Per Marghieri taluni, come il Goethe, sebbene intuiscano che non si può giudicare la vita di un popolo dall'impressione 'artistica' che se ne ha, pur di raccontare ciò che li emoziona rinunziano in sostanza ad un'analisi più approfondita.
"*Mentre altri, troppo mediocri per spiegarsi la realtà delle cose, trovano strano che gli uomini di questo paese non rispondano all'ideale che essi se ne son fatti nel capo, e nella contraddizione non vedono mai il proprio errore, sebbene il torto degli uomini, i quali purtroppo non sono come si vorrebbe che fossero*".

Quindi quando questi autori si trovano di fronte a questa evidente contraddizione, o colpevolizzano i napoletani rei di non splendere come le bellezze naturali della loro terra e di aver deluso le loro aspettative (anche se le 'colpe' attribuitegli sono le stesse di tanti altri abitanti del mondo), o 'forzano' la narrazione romanzandola oltremodo e finendo per raccontare una storia per nulla aderente alla realtà.
Come Alexandre Dumas che nel suo *Corricolo* parlerà pure benissimo di Napoli ma Marghieri ritiene i suoi scritti pieni di fandonie che fanno ridere, un semplice romanzo sullo stile de *i tre Moschettieri* pur se con alcune buone riflessioni.
Una narrazione simile la rintraccia in molti altri testi, zeppi di luoghi comuni e stereotipi. Si esalta sempre oltremodo la bellezza della città per poi criticarne gli abitanti, colpevoli di voler godere della vita senza far molto per lavorare; conclusioni alle quali giungono senza riflessioni e analisi vere, per pregiudizio.
Come un certo Vernes d'Arlandes che nel suo *Trois mais en Italie* prima racconta Napoli come la città della musica e dell'amore, per poi subito dopo descriverne la folla che passeggia alla Villa con queste parole:
"Ciascuno viene e va, altro non chiedendo che vivere senza preoccupazioni e incontrare nell'esistenza solo giorni di festa".

Ma, secondo Marghieri, *"questo può essere esatto ma non prova nulla; perché la gente che passeggia o va in carrozza, nelle altre città, mostra più o meno lo stesso aspetto: qui si muoverà un po' più, ecco tutto. In quanto al far niente... s'accerti pure che oggi, nel 1879, o non esiste o se esiste è un segno che non c'è lavoro e si ha fame, con buona pace di Virgilio e di Partenope".*

Marghieri cita tantissimi altri testi, tutti accomunati da un carattere esclusivamente artistico e fantastico che descrivono la vita a Napoli come spensierata e felice in un pezzo di paradiso terrestre.
Poi passa all'altro tipo di narrazione, quello dei cosiddetti 'studi sociali'. Quelli che dovrebbero parlare della società, della vita e

dei bisogni dei napoletani; e lo fa con queste parole:
"A' loro autori è sembrato che il nostro stato sociale sia diverso da quello delle altre parti d'Italia, anzi del mondo civile, ed essendo diverso in peggio, han creduto che un mezzo efficace per rimediarvi sia quello di richiamarvi su l'attenzione generale. Che grande stacco v'ha fra i primi libri e questi secondi... da una regione limpida, poetica, fantastica... che giunge a render possibile un sentimento d'orgoglio nell'animo nostro esaltato... noi ci sentiamo a un tratto spinti, cacciati in antri senza luce, senz'aria, che ci soffocano, ci opprimono, dove non sono che miseria e vizio e corruzioni e dolore e sudiciume; e ci pare impossibile che siano libri scritti per la stessa città, per lo stesso paese".

Quanta verità e attualità nelle parole del Marghieri. Una narrazione o esaltata e magnificata o cupa e tetra.
150 anni fa come oggi. Ma ciò che infastidisce principalmente Marghieri è che chi scrive senta proprio il bisogno endemico di parlare di Napoli, ma spesso "*senza aver mai potuto vederla da vicino e guardarla e toccarla e girarla da tutti le parti*".
E qui comincia a raccontare la storia di Napoli, le sue vicissitudini, i suoi fasti e i suoi momenti più cupi; le oppressioni, le resistenze.
Spiega la storia di ieri per comprendere l'oggi, per una disamina corretta. Quello che non facevano gli altri, impegnati a vivisezionare gli aspetti più nefasti della città come nel libro *Camorra* scritto da Monnier nel 1862.
E Marghieri non contesta lo studio, che ritiene completo, ma il fatto che "*non rivela che una parte sola, e la diomercé assai piccola, della vita napoletana. Capisco che oggi si fa un grande uso della parola camorra... ma bisogna convenire che si adopera l'espressione anche quando il fatto o la persona che si vogliono denotare hanno proprio nulla di comune con essa*".

Il non calare i fenomeni nei contesti storici, ieri come oggi, non aiuta a trovare soluzioni ma crea solo diffidenza e pregiudizio. E che strano trovare certi concetti così attuali in un testo di oltre

un secolo fa.
Ed ecco che Marghieri si domanda se Napoli "*è stata davvero esaminata, considerata da tutte le parti, penetrata nelle ragioni che sole possono spiegarla? Il lavoro di questi scrittori è riuscito ad uno scopo pratico ed utile? Qui sta la quistione*".

La questione del Marghieri è ancora qui, viva e presente.
La narrazione nefasta di Napoli produce interventi? Politiche sociali? Rimedi? No. Non successe allora e non succede oggi.
Come ho scritto prima, Napoli è orrenda quando la si racconta, alimentando la diffidenza dei turisti a venire in città e il sentimento di disistima verso la popolazione partenopea da parte del resto d'Italia, ma quando a queste opere di pseudo denuncia dovrebbero seguire misure correlate ecco che Napoli non sembra più diversa dalle altre metropoli, non sembra più meritare misure speciali, risorse aggiuntive.
Napoli è normale quando bisogna 'fare', per tornare a fare schifo quando la si vuole raccontare.
Oggi come ieri.

POSTFAZIONE

L'ORGOGLIO DIMENTICATO

Se Napoli viene raccontata con equilibrio, con rispetto, con onestà intellettuale e a volte anche con un po' di amore, l'evento assume caratteri di straordinarietà. La normalità diventa eccezione e desta scalpore, tanto da meritare premi e celebrazioni.
Accadde a una ragazza trevigiana, Valeria Genova, nel 2017; un suo post su Facebook, una lettera d'amore per Napoli, le valse una medaglia della città consegnatale in Comune dal sindaco Luigi de Magistris ed ospitate in tutti i salotti televisivi.
Al giornalista Alberto Angela, invece, è toccata addirittura la cittadinanza onoraria, conferitagli a giugno del 2018.
Il suo merito, in sostanza, è stato quello di aver fatto onestamente, e bene, il suo lavoro; perché ha raccontato Napoli come meritava. Con le sue contraddizioni e storture ma anche e soprattutto con la sua immensa storia e cultura. Ha fatto quello che chiunque faccia il suo mestiere avrebbe il dovere di fare: non lasciarsi condizionare da pregiudizi e stereotipi. Studiare e verificare di persona. E, di questi tempi, una persona così è una rarità.
Come quando il presidente francese Macron, intervistato a marzo del 2019 da Fabio Fazio su Rai Uno per *Che tempo che fa*, spese parole di elogio per Napoli, citando Stendhal.
Pronta la lettera di ringraziamento del sindaco Luigi de Magistris con annesso stupore, "*sono rimasto molto colpito*", per i riferimen-

ti alla scuola teatrale napoletana di Eduardo De Filippo che Macron riservò. Così assuefatti a una narrazione tossica e stereotipata ci stupiamo prima noi se qualcuno, per giunta non di Napoli, ci vede affascinanti.
E sentiamo addirittura il bisogno di premiare, lodare, ringraziare. Siamo spesso i primi nemici di noi stessi; persi e sviliti nelle annose problematiche di questa metropoli, molte delle quali condivise con altre grandi città, ci dimentichiamo chi siamo e da dove veniamo. A chi abbiamo dato i natali. Cosa abbiamo creato o reinventato. Cosa abbiamo superato.
"Avimm' 'a stà a guaglione e simmo maste".
Dobbiamo vivere da garzoni e siamo maestri, scriveva Raffaele Viviani. Ci lasciamo raccontare come pizza, camorra e mandolino e ci dimentichiamo la nostra storia, e nessuno ce la insegna. Ci dimentichiamo la nostra lingua, molto di più di un semplice dialetto ma con una grande storia letteraria.
Il primo libro di fiabe mai scritto al mondo è stato il Pentamerone (1632) del napoletano Giambattista Basile, scritto in lingua napoletana. La sesta delle 50 fiabe contenute è *La gatta Cenerentola,* prima versione scritta in occidente della fiaba diventata celebre. Benedetto Croce, che poi lo tradusse in Italiano, lo definì *"il più antico, il più ricco e il più artistico fra tutti i libri di fiabe popolari".*
E' famosa nel mondo la poesia napoletana, il teatro napoletano.
Il café-chantant, nato a Parigi, quando valicò le Alpi fu a Napoli che trovò casa e alcuni tra i suoi più nobili interpreti. Anche perché qui, in quei tempi, cresceva e si diffondeva nel mondo la canzone classica napoletana, con brani, autori e voci destinati a rimanere nella storia.
C'è Napoli in ogni piatto della cucina mediterranea, in tutte le eccellenze dolciarie. E' napoletana la sfogliatella, il babà, la pastiera, gli struffoli. C'è Napoli nella saggezza tramandata degli antichi proverbi. C'è Napoli nella medicina, nella scienza, nell'architettura. C'è Napoli nelle grandi scoperte.
E' napoletana la forchetta a 4 punte, ideata dal ciambellano di corte Gennaro Spadaccini sotto il regno di Ferdinando IV di Borbone nel 1770. E' napoletana la prima lavatrice moderna, costru-

ita e installata a Napoli nel 1851.
E' napoletano il fiammifero, inventato a Napoli dal Sansone Valobra di Fossano che in città nel 1828 impiantò la sua prima fabbrica. E' napoletana la prima casa cinematografica italiana, la Titanus, sorta al Vomero nel 1904 (originariamente Monopolio Lombardo) e quando i Fratelli Lumiere brevettarono a Parigi l'invenzione del cinematografo e la macchina giunse a Napoli (solo un anno dopo) il pubblico partenopeo già aveva visto qualcosa di molto simile grazie all'impresario teatrale Menotti Cattaneo che aveva brevettato un sistema simile con delle cosiddette 'lanterne magiche' e fu anche il primo a tentare, a Napoli, la sonorizzazione di un film servendosi di attori che recitavano dialoghi e didascalie. E' napoletana la prima casa discografica italiana, la Phonotype Record, fondata a Napoli nel 1901.
E' napoletana la prima televisione privata italiana, Telenapoli, nata grazie al genio del partenopeo Pietrangelo Gregorio che inventò di tutto, dal fototachimetro, ovvero l'antenato dell'autovelox, al disco pluricanale, che in un solo 45 giri conteneva 728 canzoni, fino alla realizzazione del più grande schermo a 3D del mondo, lungo 60 metri contro i 48 di Disneyland.
E' napoletano il sismografo elettromagnetico, inventato da Luigi Palmieri, direttore dell'Osservatorio Vesuviano e docente all'Università di Napoli. E' napoletana la prima guida turistica per stranieri, il *Manuale del forestiero in Napoli*, scritta dal magistrato municipale Gabriele Quattromani nel 1845 in occasione del settimo Congresso degli scienziati italiani tenutosi a Napoli quell'anno, un Tripadvisor d'altri tempi.
Sono napoletani i principi della banca moderna: il debito, lo scoperto su conto, la girata, ritrovati nell'archivio storico del Banco di Napoli 100 anni prima della Royal Bank of Scotland nel 1728 che ne vantava il primato. E' napoletana la prima ferrovia italiana, la Napoli-Portici, costruita nel 1839.
E' napoletana la prima illuminazione pubblica a gas in Italia.
E' napoletana la raccolta differenziata, imposta dai Borbone di Napoli nel 1832. E' napoletana la crittografia moderna, grazie a Giovanni Battista Della Porta, ritenuto il maggiore crittografo del

Rinascimento; lo stesso che a Napoli descrisse i principi del telescopio, 20 anni prima che lo costruì Galileo.
E' napoletana la prima tangenziale italiana, Corso Maria Teresa, l'attuale Corso Vittorio Emanuele, inaugurata nel 1853.
E' napoletano il primo osservatorio astronomico italiano.
E' napoletano il primo quotidiano italiano, *Il Diario Notizioso di Napoli*, fondato nel 1759.
E' napoletana la Sambuca, inventata dall'ischitano Luigi Manzi, la Fanta, quella vera, prodotta a Napoli con le nostre arance.
E' napoletano persino il cornetto Algida, brevettato da Spica, una gelateria di Napoli. Sono napoletane un altro milione di cose.
Ed è napoletana, ovviamente, anche la pizza.
Ma, soprattutto, siamo napoletani noi.
Ricordiamocelo sempre.
Con orgoglio.

Talento ne tenimmo, avimmo ingegno:
nu poco sulo ca ce sustenimmo,
cunquistarrammo chillu posto degno
ca, pè mullezza nosta, nun tenimmo.
Quanno na cosa è bbona e è nata ccà,
nu milione 'e gente l'ha da dì.
E vedarraie po' Napule addò va,
cu tutto ca è 'o paese d' 'o ddurmì.

(Raffaele Viviani – Campanilismo)

riferimenti bibliografici

L'IGIENE A NAPOLI NEL PASSATO

Sulla igiene pubblica della citta di Napoli: osservazioni e proposte (Marino Turchi - 1862)
L'igiene nel regno di Napoli nel Settecento (Angelo D'Ambra historiaregni.it)
L'Acquedotto Carolino - reggiadicasertaunofficial.it
Ricordi di viaggio in Italia nel 1786-87 - Johann Wolfgang von Goethe
Manuale di Polizia - indice ordinato delle leggi, de reali decreti, delle sovrane risoluzioni, e delle massime regolamentari e riguardanti la polizia ordinaria - Raffaele Mozzillo - Stabilimento Tipografico Mosca - 1856
Sanità e ospedali a Napoli ai tempi dei Borbone - Gigi Di Fiore - Il Mattino - 16/04/2014
Note di medici italiani e francesi sulla pellagra in Valle Brembana di metà Ottocento - Anna Fusco - marieni-saredo.it
Crisi agraria e pellagra, i problemi dell'Italia unita - Rosa Ventrella - tuttostoria.net

IL COLERA

Il mostro asiatico. Storia del colera in Italia - Eugenia Tognotti - Editori Laterza, 2000
Napoli - Gli intellettuali, la metropoli, questione napoletana - Antonio Ghirelli
Expo, quella di Napoli del 1900: quando l'Italia scoprì l'igiene per tutti - Rosario Rusciano Repubblica - 26/10/2015

IL COLERA DEL 1973

La Storia siamo noi - Speciale Rai - 2011
Napoli 1973: i giorni del colera - Speciale Rai - 2013

A' MUNNEZZA

Le ecoballe campane? Una montagna inutile -Mariano Maugeri - ilsole24ore.com - 05/01/2008

A' MUNNEZZA - LA MONNEZZA DI NAPOLI NON LA VOGLIAMO

E a San Siro la Lega provoca i napoletani - G.San. - Corriere della Sera - 14/01/2008
Rifiuti, passa il decreto. Bossi: 'Napoletani non imparano mai' - ilfattoquotidiano.it - 30/06/2011
Anche i fanghi dell'Acna di Cengio tra i veleni sepolti sotto quella collina - Carlo Bonini - La Repubblica - 22/01/2008
Pianura, la bomba ecologica - in discarica i veleni del Nord - Tiziana Cozzi - La Repubblica - 30/03/2011

A' MUNNEZZA - PERCHÉ SUCCEDE SOLO A NAPOLI?

Una polveriera sotto Milano - Antonella Baccaro - Corriere della Sera - 16/10/1996
Milano sotto l'assedio dei rifiuti - Ivan Berni - La Repubblica - 27/11/1995
Spazzatura a Milano - Curzio Maltese - La Repubblica - 21/11/1995
Rifiuti, la discarica di Scarpino è piena Genova rischia l'invasione della "rumenta" - Renzo Parodi - ilfattoquotidiano.it - 09/06/2014
Emergenza rifiuti, la situazione in Italia Regione per Regione - Francesco Pacifico - Lettera43 - 16/01/2018
Situazione rifiuti a Perugia: emergenza o strumento di ricatto? - umbria.legambiente.it - 27/10/2017
Rifiuti illeciti dal Parco Sud al Messico - Corriere della Sera/Milano - 27/07/2018
Rifiuti, il Pg di Milano: "Unica regia negli incendi al Nord" - milano.repubblica.it - 26/01/2019
Relazione indagine Antimafia - Commissione speciale Antimafia Regione Lombardia - XI Legislatura Atti XI/1.2.12.4.12

A' MUNNEZZA - PERCHÉ NON FATE LA RACCOLTA DIFFERENZIATA?

Ballarò - Raitre - 17/05/2011
Bagnoli come Tokyo: differenziata al 91% - Alessandro Chetta - Corriere del Mezzogiorno - 21/12/2010
Iacotucci: "Rifiuti? A Milano 45 mila multe, a Napoli solo 700" - La Repubblica - A. Dicost. - 20/08/2016
Rifiuti, le mille discariche a cielo aperto che macchiano le periferie di Milano - Luca De Vito - milano.repubblica.it - 27/09/2017
Rifiuti, nei cestini delle strade di Milano sempre più vestiti e scarti della cucina - Alessia Gallione - milano.repubblica.it - 17/07/2017
Rifiuti e inciviltà: spazzatura dentro ai cestini. Persi 500 mila euro... - Sara Bettoni - Corriere della Sera/Milano - 18/11/2018
Rifiuti, a Napoli i lavori per l'impianto di compostaggio a Ponticelli al via a inizio 2019 - Repubblica Napoli - 27/04/2018
Rapporto Comuni Ricicloni 2018 - Legambiente Campania

riferimenti bibliografici

A' MUNNEZZA - IL BUSINESS DELLA DIFFERENZIATA TRA NUMERI E CIVILTÀ

Raccolta differenziata, Pordenone è la città più virtuosa... - Giacomo Bagnasco - ilsole24ore.com - 29/10/2018
Discariche abusive, allarme amianto Per gli incivili sanzioni da 30mila euro - Alberto Comisso - ilgazzettino.it - 10/10/2017
Rifiuti, multe e foto-trappole per chi abbandona immondizie - ilgazzettino.it - 13/05/2015
Bonificano la fonderia, rifiuti in cava:due arresti - A.Zambenedetti - Corriere del Veneto - 12/07/2018
I miliardi nel cassonetto: chi vince e chi perde nel grande business dei rifiuti - Daniele Autieri - repubblica.it - 22/05/2017

TERREMOTATI

Dossier 'Abbatti l'abuso' - Legambiente - 22 settembre 2018
Rapporto del Centro Studi Sogeea sul condono edilizio presentato al Senato il 22 aprile 2016
Dossier 'Cemento Spa' - Legambiente - 15/03/2012

A NAPOLI SI BRUCIANO DA SOLI

Incendi, gatti vivi usati per appiccare i roghi sul Vesuvio? "Il garante degli animali: "Bufala". Tutto da verificare - ilfattoquotidiano.it - 13/07/2017

VITTORIO FELTRI E LIBERO

Condannato per truffa e falso il parlamentare Pdl, Antonio Angelucci - Edoardo Izzo - lastampa.it - 03/11/2017
A sorpresa è pace tra Di Pietro e Feltri - Corriere della Sera - 09/11/2017
Deliberazione del Consiglio dell'Ordine dei Giornalisti della Lombardia - seduta del 20 novembre 2000
Un equo finanziamento - Report - Rai 3 - 29/10/2018
Indro: "Qualcuno ha voluto affondarci" - Riccardo Chiaberge - Corriere della Sera - 12/04/1995

NAPOLI TRA LE PIÙ PERICOLOSE DEL PIANETA

Caracas è la città più violenta del mondo: in un anno registrati più di 200mila omicidi - Ida Artiaco - ilmessaggero.it - 28/01/2016
UNODC - Global study on homicide - 2014
Consiglio cittadino del Messico per la Pubblica Sicurezza - classifica annuale città più violente del mondo - 2017
Indice della criminalità - Il Sole 24 Ore (su dati ministero dell'interno)

"RAZZISMO DEI NAPOLETANI CONTRO NOI DEL NORD". IL BIPOLARISMO DI BIZZOZERO.

Cantù, maxi sequestro di hashish destinato anche al mercato bergamasco - L'Eco di Bergamo - 07/11/2016
Cantù, parchi e strade invasi dai rifiuti - La Provincia -04/10/2016
Auto, camper e persino un aereo: scoperta a Cantù discarica abusiva - quicomo.it - 13/11/2015
Cantù: "svuotano" società per evadere il fisco - La Provincia -04/03/2015
Ospedale di Cantù, danni dal cantiere "Colpa dei ribassi negli appalti" - La Provincia - 18/03/2017
Cantù, il ponte danneggiato "Niente manutenzione da 20 anni" - La Provincia - 14/03/2017

TURISTI DERUBANO NAPOLETANO. LA FIERA DELLO STEREOTIPO

Furto sull'aliscafo per Capri, un operaio napoletano derubato da due tedeschi - tgcom24.mediaset.it - 02/06/2018
Due tedeschi sfilano portafogli a un napoletano - Andrea Cuomo - ilgiornale.it - 03/06/2018
Napoli. Turisti russi rubano tazzina del caffè Gambrinus - Gennaro Pelliccia - ilmattino.it - 09/05/2017
"Ci hanno rapinato il Rolex", ma non è vero: denunciati due turisti inglesi - napoli.repubblica.it - 10/10/2014
Truffa dei Rolex a Napoli: "Attenti ai turisti furbetti" - Paolo Barbuto - ilmattino.it - 25/06/2015

BRAMBILLA E I BIGLIETTI SUL BUS: I NAPOLETANI ANTROPOLOGICAMENTE DIVERSI

Porte anti-evasori in metrò: "Stop al salto del tornello" - Sara Bettoni - Corriere della Sera/Milano - 22/09/2018
Atm contro i furbetti del tornello: per M1 e M2 le porte a barriera... - Repubblica/Milano - 23/09/2018

riferimenti bibliografici

"Milano, Atm: picco di evasori. Il buco nero della linea 90/91: non paga sull'autobus un passeggero su 4" - Corriere della Sera/Milano - 22 /04/2018
In autobus senza biglietto, un italiano su cinque non paga - Maria Corbi-Andrea Rossi - La Stampa - 16/04/2017
Gian Luca Brambilla, professione imprenditore indignato - Guido Quaranta - espresso.repubblica.it - 22/08/2018
Gian Luca Brambilla: l'imprenditore di Piazzapulita indagato per evasione fiscale - giornalettismo.com - 04/02/2014
Il Brambilla brianzolo e startupper ma in India - Alexis Paparo - economyup.it - 21/11/2014
Striscia la Notizia - Canale 5 - 15/11/2017

IL CONCORSO TRUCCATO

Avvocati, bufera sul concorso. Annullate due prove su dieci - Patrizio Mannu - Corriere del Mezzogiorno - 24/02/2016
Esame avvocato, solo uno ha copiato dal web. I dati dell'Ordine: 24 prove annullate finora - Viviana Lanza - ilmattino.it - 26/02/2016

LA RAPINA INVENTATA

Bruce Sterling rapinato a Napoli: "Qui meglio girare con la pistola" - Anna Marchitelli - Corriere del Mezzogiorno - 08/12/2017
Lo scrittore Sterling rapinato: "Napoli tra immondizia e gang, come nel mio Texas" - Paolo De Luca - repubblica.it - 08/12/2017
Lo scrittore Bruce Sterling rapinato a Napoli: "Qui bisognerebbe girare armati?" - liberoquotidiano.it - 08/12/2017
Lo scrittore Sterling rapinato: "Bellezza annegata dal degrado Napoli sarà sempre Gomorra" - Mariagiovanna Capone - ilmattino.it - 08/12/2017

"MICA SIAMO NAPOLI". NO SIETE PEGGIO

Il supermarket dell'eroina nelle stazioni ferroviarie dell'hinterland milanese - Michele Sasso - L'Espresso - 29/11/2016
Parco delle Groane, spaccio e omicidi. Ecco la (nuova) trincea della droga - Andrea Galli - Corriere della Sera/Milano - 24/04/2017
Cave e cemento, le mani della 'ndrangheta su Desio - linkiesta.it - 29/02/2012
'Ndrangheta: arrestato Zema, ex assessore di Cesano Maderno - Corriere della Sera/Milano - 16 /10/2017
'Ndrangheta a Seregno, disposto commissariamento del Comune - ilgiorno.it - 28/09/2017
Mafia e tangenti, i Comuni nei guai - Corriere della Sera - 18/10/2011

BABY GANG: "TORINO NON E' NAPOLI"

Torino, il procuratore: "Qui no baby gang ma ragazzi che compiono reati in gruppo" - napoli.repubblica.it - 17/01/2018
La baby gang: "Vuoi vedere che adesso ti ammazziamo?" - Federico Genta - La Stampa - 18/01/2019
Baby gang, giovani rapinati a Torino - ansa.it - 15/01/2018
"Non bestemmiate". E la baby gang aggredisce una mamma davanti ai figli... - La Stampa - 09/01/2018
La piscina "Lombardia" ostaggio della baby-gang - La Stampa - 19/06/2017
Torino, passeggeri di un treno in ostaggio di una gang per cinque ore - Tgcom24 - 18/04/2017
Torino, rapine e furti con l'auto di mamma: sgominata baby gang, 8 arresti - ilmessaggero.it - 04/04/2016

OMICIDI IN LOMBARDIA? SEMBRA NAPOLI

BES 2018 - Il benessere equo e sostenibile in Italia - Istat
Lombardia, il grande covo - Mariarosa Marchesano - Tempi - 14/042017
Sicurezza, rapporto Censis: Milano è la città con più reati denunciati, Napoli quarta - Repubblica Napoli - 01/12/2017

SEMBRA NAPOLI, MA SIAMO A LONDRA

Day I was menaced by moped criminals – Virginia Blackburn - Daily Express - 07/06/2018
Regno Unito: Londra, ogni settimana commessi 430 scippi e reati con i motorini - Agenzia Nova - 07/06/2018
Londra, crimini in aumento da quando Sadiq Khan è stato eletto sindaco - Alice Venturelli - ilgiornale.it - 05/01/2018

riferimenti bibliografici

SALVINI E NAPOLI

E a San Siro la Lega provoca i napoletani - G.San. - Corriere della Sera - 14/01/2008
Salvini: "Radio Padania anche in Puglia. A Napoli? Mai, siamo troppo diversi" - Angelo Alfonso Centrone - Corriere del Mezzogiorno - 20/09/2010
I meridionali stiano "senza l'euro, non se lo meritano" - milanotoday.it - 02/10/2012
Scuola, Salvini: "Renzi blocchi l'esodo dei prof precari meridionali al Nord" - Repubblica Tv - 03/09/2014
Le richieste in Puglia del reddito di cittadinanza: "Ora posso averlo?" - Vito Fatiguso - Corriere della Sera - 08/03/2018

IL VOTO DEL SUD

Puglia e Basilicata, "dopo vittoria M5s code ai Caf per reddito cittadinanza". Sindacati smentiscono: "Casi isolati" - ilfattoquotidiano.it - 08/03/2018
Reddito di cittadinanza, la bufala dei CAF presi d'assalto - Elisa Carbone - lineapress.it - 08/03/2018

BIANCOFIORE E IL SUD CHE NON VA IN VACANZA

Assenze: Biancofiore si dovrà giustificare - A.C. - Alto Adige - 28/07/2011
L'on. Biancofiore, la crisi e i cappuccini al bar - RepubblicaTv - 14/11/2012 (da "l'aria che tira" - La7)

FEDERICO II. IL GEMELLAGGIO CHE NON PIACE A PISA

"Volevano il marchio, i napoletani dimostrino di saper lavorare"... - huffingtonpost.it - 13/12/2018
Pisa, il sindaco: "Abbiamo evitato l'apertura della Normale a Napoli" - Luca Marconi - Corriere del Mezzogiorno - 12/12/2018
Criminalità in aumento. Pisa non è al sicuro: le parole di Pieragnoli - pisanews.net - 12/01/2018
Parcheggiatori abusivi: un assedio quotidiano «I controlli? Non ci sono» - lanazione.it - 27/05/2018
Spaccio a orario continuato. La droga invade ogni quartiere - Giovanni Toscano - lanazione.it - 24/10/2016

BUSSETTI E IL SUD CHE DEVE LAVORARE

"Al Sud servono più impegno e lavoro", polemica per parole Bussetti. Di Maio: "Fesseria, chieda scusa" - Salvo Intravaia - repubblica.it - 09/02/2019
"Troppi professori da fuori regione Verificheremo tutti i curriculum" - Alessandra Dal Monte - Corriere della Sera/Milano - 31/08/2014
Scuola, Salvini: "Renzi blocchi l'esodo dei prof precari meridionali al Nord" - Repubblica Tv - 03/09/2014
Asili nido, prendi le stesse tasse anche al Sud e spendi più al Nord: come nel 1912 - Alessandro Cannavale - ilfattoquotidiano.it - 08/12/2014
Con la scuola regionale il Sud perde 1,5 miliardi - Marco Esposito - Il Mattino - 08/02/2019
Bussetti: "La scuola non ha bisogno di altri fondi. I professori regionali? Un'idea virtuosa" - Gianna Fregonara - Corriere della Sera - 24/10/2018
Aerei e weekend al mare. Le missioni fantasma dell'ex Ministro Bussetti - Corrado Zunino - La Repubblica - 27/10/2019

IL REDDITO DI CITTADINANZA

Napoli, avvio lento per il reddito di cittadinanza - napoli.repubblica.it - 06/03/2019
Il reddito nelle regioni - Il Mattino - 28/07/2019

MARIA GIOVANNA MAGLIE E IL SUD CHE SUCCHIA IL SANGUE

L'Aria che Tira - La7 - 12/07/2019
Com'è che Maria Giovanna Maglie è ridiventata una notizia - ilpost.it - 02/02/2019
Le spese faraoniche di Maria Giovanna dividono la Rai - Loredana Baronetti - La Repubblica - 14/06/1991
Bagdad, le mille e una spesa - Maria Latella - Corriere della Sera - 13/06/1991
Rai in Somalia: 200 milioni di troppo - Paolo Conti - Corriere della Sera - 27/11/1993
"Maglie non ha truffato la Rai" - Corriere della Sera - 29/06/1994
Incarichi Rai, bufera sulla 'striscia' di Maglie. M5s pronto fermarla: "No ai raccomandati". Ma la Lega la difende - Annalisa Cuzzocrea e Monica Rubino - repubblica.it - 01/02/2019

riferimenti bibliografici

NAPOLI CHE FA PAURA AL MONDO

Tolisso, Gonalons, Naples: quand les joueurs ont peur de de la Camorra - Louis-Bertrand Brutin - Le Figaro - 29/04/2017
Frédéric Guerra : "ces mecs là sont sans foi ni loi" - Paul Bohec - papinade.com - 29/04/2017
"Gonalons e Tolisso hanno rifiutato Napoli a causa di Gomorra" - Pasquale Tina - repubblica.it - 28/04/2017
Napoli, l'agente di Tolisso e Gonalons: "Dissero no per Gomorra" - corrieredellosport.it - 28/04/2017
L'agente: "Tolisso rifiutò il Napoli. Per colpa di Gomorra..." - gazzetta.it - 28/04/2017
Napoli, il Lione rifiuta 26 milioni per Tolisso - Alessio Morra - fanpage.it - 25/06/2016
Radio CRC - *intervista a Frédéric Guerra* - 23/03/2011
Radio Kiss Kiss Napoli - *intervista a Frédéric Guerra* - 11/06/2012
Frédéric Guerra : "ces mecs là sont sans foi ni loi" - papinade.com - 06/09/2013
Radio CRC - *intervista a Frédéric Guerra* - 09/10/2013
Radio CRC - *intervista a Frédéric Guerra* - 09/01/2014
Radio CRC - *intervista a Frédéric Guerra* - 24/04/2014

IL FOGLIO: QUANDO NEANCHE I COMPLIMENTI GLI RIESCONO

Il modello vincente del Napoli di De Laurentiis - Maurizio Crippa - Il Foglio - 02/09/2017
P3, pm chiede 4 anni per il plurimputato Denis Verdini - ilfattoquotidiano.it - 11/11/2016
Verdini condannato a 9 anni per bancarotta e truffa - Gian Maria De Francesco - ilgiornale.it - 03/03/2017
Roma, indagine su compravendita: Verdini a giudizio. Lui: 'Solo finanziamento illecito' - ilfattoquotidiano.it - 22/09/2014
Denis Verdini condannato a 2 anni per corruzione per Scuola dei Marescialli - ilfattoquotidiano.it - 17/03/2016
Denis Verdini, sesto processo. Rinvio a giudizio per crac Giornale di Toscana - ilfattoquotidiano.it - 18/04/2016
Paolo Berlusconi: condanna definitiva a 4 mesi di reclusione - Corriere della Sera - 12/01/2010
Tangenti, Paolo Berlusconi condannato a maxirisarcimento da 11 milioni di euro - milano.repubblica.it - 17/06/2013
L'Inter chiude l'era Moratti: 1,2 miliardi per 16 titoli in 21 anni - Matteo Spaziante - calcioefinanza.it - 07/06/2016
Facciamo i conti: Milan, nell'era Berlusconi 900 milioni di euro per 29 trofei - Enrico Turcato - eurosport.com - 13/04/2017

NAPOLI VS NIZZA NELLA CAPITALE MONDIALE DELLA MAFIA

Déplacement, accueil, ambiance sur place... Voici à quoi vous attendre si vous comptez assister à Naples-OGC Nice - nicematin.com - 05/08/2017
Attentato a Nizza, quelle relazioni pericolose tra Isis e criminalità - Lorenzo Cremonesi -corriere.it - 15/07/2016

LA BUFALA DELLO SCUDETTO VENDUTO

Antidoping - Rai 2 - 19/11/2017
Vince il pallone sul totonero e sulle chiacchiere - Giorgio De Rienzo - Corriere della Sera - 30/03/1987
Lo scudetto al Napoli sbanca il Totonero - Pilade Del Buono - Il Sole 24 Ore - 12/04/1987
Quella scommessa da 200 miliardi contro Maradona - Franco Recanatesi - La Repubblica - 21/04/1987
"Perdemmo per stanchezza" - Francesco Rasulo - La Repubblica - 12/03/1994
"Milan, fu scudetto di scambio" - Giovanni Marino - La Repubblica - 14/01/1995
Lucky Luciano – Ala Sinistra, Mezzala Destra, Marco Travaglio - Kaos Edizioni

L'ONOREVOLE PINI E LE TRASFERTE ALL'ESTERO

Camicie verdi in spiaggia - Corriere della Sera - 04/08/1997
Alessandro, il leghista recordman delle multe - Corriere della Sera - 26/06/2010
Sequestrati 400mila euro a Gianluca Pini - romagnanoi.it - 30/08/2013
Millantato credito, Pini condannato a due anni - corriereromagna.it - 22/03/2014
Indagato per bancarotta il deputato Pini - romagnanoi.it - 24/10/2015
Scudo fiscale, Pini condannato a un anno - romagnanoi.it - 06/10/2016

DE TELEGRAAF: YOUNES E LA NAPOLI MAFIOSA

'Younes oog in oog met Italiaanse maffiosi' - Mike Verweij - De Telegraaf - 30/03/2018
Radio CRC - *intervista a Mike Verweij* - 30/03/2018

riferimenti bibliografici

DE LAURENTIS E I LUOGHI COMUNI

Pioggia di soldi dalle televisioni per il Napoli - Fabio Cimmino - tuttonapoli.net - 20/09/2008
Napoli: Firmato l'accordo con Sky - Francesco Romaniello - tuttonapoli.net (ripresa da Il Mattino) - 12/11/2004
Web tv: blitz antipirateria in Ue, stop a 5 milioni di utenti in Italia - ilsole24ore.com - 18/09/2019
Festa della Juve, sequestrati oltre 80 mila articoli falsi - lastampa.it - 19/05/2018
Sequestrati oltre 250mila articoli di merchandising falsi della Juventus e del Real Madrid - Comunicato Guardia di Finanza di Torino su gdf.gov.it - 03/06/2017

ILARIA D'AMICO E LA NAPOLI DEI "TRICCHEBALLACCHE"

Bufera social su Ilaria D'Amico per "l'approccio partenopeo" - corrieredellosport.it - 10/04/2019
Ilaria D'Amico supergaffe. Che confusione con le Coree - Giada Oricchio - Il Tempo - 10/04/2019
Capello corregge Ilaria D'Amico: "L'Atletico non gioca male" - corrieredellosport.it - 21/02/2019
Sky Sport - post partita Atletico Madrid-Juventus - 24/02/2019
Sky Sport - post partita Ajax-Juventus - 10/04/2019
La7 - Dimartedi - 06/10/2017
D'Amico: "Lo scandalo vallette? Non sopporto le scorciatoie" - Silvia Fumarola - La Repubblica - 21/06/2006
Ilaria D'Amico, dal calcio a Gheddafi. L'irresistibile ascesa di Lady Pallone - Alessandra Vitali - La Repubblica - 20/03/2006

UNIVERSIADE 2019

Universiadi da record - Tg1 - Rai 1 - 15/07/2019
La Tv ci ripensa e promette tre ore al giorno - Corriere della Sera - 13/08/1973
In televisione 1 ora al giorno - Corriere della Sera - 15/08/1973
Comincia l'Universiade dei miracoli - Daniele Parolini - Corriere Sportivo (CdS) - 02/09/1979
Universiadi, un mondo di sport. A Torino si sfidano 50 nazioni - Massimiliano Papasso - La Repubblica 20/12/2006
La città futura dell'Erasmus - Marco Trabucco - La Repubblica - 27/12/2006
D' Elicio: Abbiamo fatto bingo - Federica Cravero - La Repubblica - 28/01/2007
Universiadi, Storace accusa la Rai - La Repubblica - 03/01/1997

SEI NATO A NAPOLI? INGRESSO VIETATO

Arriva il Napoli: scontro con la Questura sui biglietti - Alessandro Catalano - gazzetta.it - 09/08/2019
Juventus-Napoli, il no ai nati in Campania diventa un caso: "Razzismo applicato" - Jacopo Ricca - repubblica.it - 09/08/2019

IL SUD IGNORANTE E PALLA AL PIEDE

Gli effetti delle politiche di intervento a favore delle regioni meridionali 1998 - Rapporto Eurispes - giugno 1998
L'economia e la società del Mezzogiorno - Rapporto Svimez 2018
Eurispes: "E' per il Nord Italia il primato dell'assistenzialismo" - Corriere della Sera - 23/06/1998
Un Lapis per combattere la dispersione scolastica - Ettore Vittorini - Corriere della Sera - 11/12/1998
Ue a Italia, senza investimenti al Sud, tagli ai fondi - ansa.it - 07/10/2019
Il divario fra Nord e Sud verrà colmato solo nel 2020 - Corriere della Sera - 13/09/1972
Burocrazia: con la riforma si risparmiano 29 miliardi l'anno - Sergio Bocconi - Corriere della Sera - 07/09/2019
La Pubblica Amministrazione da Peso Aggiunto a Potenziale Aiuto alla crescita del Paese - Ricerca realizzata da The European House – Ambrosetti - 2019

QUEL CHE SI SCRIVE DI NAPOLI, 1879

Quel che si scrive di Napoli - Alberto Marghieri - Conferenza tenuta al Circolo Filologico di Napoli - 1879

Indice